中世ヨーロッパの時空間移動

原野　　昇
水田　英実
山代　宏道
中尾　佳行
地村　彰之
四反田　想

渓水社

まえがき

　今日では，時間を表すにも距離を測るにも，世界中で一つの物差しが用いられていると言ってよいであろう。その物差しとはグリニッジ世界標準時であり，メートル法である。われわれはそのことに慣れきっており，それは今日の世界において非常に便利であるばかりか，必要不可欠なシステムであることは否定できない。

　しかしこれらの制度が世界的に始まったのは比較的最近のことである。グリニッジ世界標準時の制定は1935年のことであり，メートル法の制定は1876年である。言い換えれば，それらは時空間把握の今日における一つの枠組み，一つのパラダイムにすぎない。

　われわれは，今日われわれが置かれている世界を「現代」という一つの枠組みととらえ，その枠組みを相対化することを試みている。その際の手がかりをつかむきっかけとして，中世ヨーロッパ社会を対象としている。

　今回は，中世ヨーロッパにおける時空間把握の問題を，旅と巡礼を中心とする「移動」の観点からみることにした。

　山代は「中世ヨーロッパの旅 ― 騎士と巡礼」と題し，人びとはなぜ旅をしたのか，魂の救済を求める巡礼か，冒険と夢を求める騎士か，あるいは学徒ととしてかを考察する。原野は「旅と巡礼の表象 ― 中世フランス文学にみる」と題

し，中世ヨーロッパの人びとによって旅と巡礼がどのようにイメージされ，どのような文学ジャンルにおいてどのように表現されているかをみる。四反田は「中世ドイツ文学にみる旅 ― 騎士宮廷叙事詩と＜冒険＞」と題し，物語の中で語られる「旅」や「冒険」に人びとが心を躍らされた，その虚構の構造に隠された背景と問題を考察する。中尾は「『カンタベリー物語』にみる旅 ― 構造と意味」と題し，そこでの旅は身体の移動という場所的なものから，人間の一生という時間の移動，さらには人間の認識の深化という心理の移動へと重なり合って展開することを検証し，『カンタベリー物語』の新しい一つの読み方を提示する。地村は「チョーサーとマンデヴィル ― 中世の旅と楽しみ」と題し，中世後期14世紀に活躍したチョーサーとその当時の旅行記を著したマンデヴィルについて調べ，中世の旅と楽しみについてみていく。水田は「中世の＜旅する人＞ ― 天のエルサレムと地のエルサレム」と題し，中世人は「この世では異国人であり，旅人にすぎない」というありかたをどう理解していたのかを探る。

目　　　次

まえがき …………………………………………………………… 1

中世ヨーロッパの旅
　── 騎士と巡礼 ──
　　　　　　　　………………………… 山代　宏道… 7

旅と巡礼の表象
　── フランス中世文学にみる ──
　　　　　　　　………………………… 原野　　昇… 47

中世ドイツ文学にみる旅
　── 騎士宮廷叙事詩と ＜冒険＞ ──
　　　　　　　　………………………… 四反田　想… 73

『カンタベリー物語』にみる旅
　── 構造と意味 ──
　　　　　　　　………………………… 中尾　佳行… 97

チョーサーとマンデヴィルの旅
　── 中世の旅と楽しみ ──
　　　　　　　　………………………… 地村　彰之… 141

中世の ＜旅する人＞
　── 天のエルサレムと地のエルサレム ──
　　　　　　　　………………………… 水田　英実… 177

あとがき …………………………………………………………… 209

Contents …………………………………………………………… 211

著者紹介 …………………………………………………………… 212

中世ヨーロッパの時空間移動

中世ヨーロッパの旅

― 騎士と巡礼 ―

山代 宏道

はじめに

　中世ヨーロッパの人々は何を求めて旅をしたのか。冒険，宗教的救済，そして富。移動した人々は異なる民族や文化と出会って新しい何かを創造したはずである。ここでは 11・12 世紀ヨーロッパで活躍したノルマン人の事例を取り上げて検討していく。個人であれ集団であれ，強力な欲求や必要性があれば人は移動した。たとえば，巡礼，学問（知識），十字軍のために人々は移動した。そして，異民族異文化が接触することで新たなものが生み出されていった。また，交通路や宿泊施設など人の移動を可能にするネットワークができあがっていった。

　以下，中世ヨーロッパの旅について，前半では騎士と冒険という視点から，後半では巡礼と救済（救い）という視点から検討していく。その場合，時空間移動のうち，騎士については主として空間的移動，すなわち地理的移動ということに焦点をあて，また，巡礼については時間的・空間的移動の両方の視点から考察していきたい。

1 ヴァイキングの移動

　中世ヨーロッパにおいて，人々はいろいろの理由で移動していた。ゲルマン民族やヴァイキングの移動は歴史上有名である。また，戦争や交易で人々は移動したし，裁判や陳情のため国王やローマ教皇を訪ねる人々もいた。カンタベリー大司教アンセルムは，教会改革をめぐって国王ウィリアム2世と対立して出国し，ローマ教皇と行動を共にした。また，ヨーク大司教サースタンも，首位権論争中に，カンタベリー大司教や国王と対立して出国し，ローマ教皇や枢機卿たちと接触している。さらに，巡礼者たちは移動した代表であった。

　ノルマン騎士の移動について論ずる前に，かれらの前身であるヴァイキングの移動について見ておきたい。荒正人氏によると，9～10世紀にかけてのヴァイキングの移動は，次のような4つのルートに分けられる。北方ルート（ノルウェー→シェトランド諸島→アイスランド→グリーンランド→アメリカ東北海岸）。西方ルート（ノルウェー→シェトランド諸島→オークニー諸島→ヘブリデス諸島→アイルランド東岸を南下）。南方ルート（デンマーク→エルベ河とライン河の中間地域→ノルマンディー→フランス西岸→イベリア半島→ジブラルタル海峡→地中海→シチリア島や北アフリカ海岸。また，デンマーク→イングランド）。東方ルート（スウェーデン→バルト海横断→フィンランド南岸およびロシア本土→ラトガで分かれ，一方は，ヴォルガ河

→ カスピ海 → ペルシャ地方，カフカズ地方東岸，他方は，ノブゴロド建設 → キエフ建設 → コンスタンティノープル → 地中海)。

ここでは，ヴァイキングの移動が，スカンディナヴィアから東西南北の全方向へと向かい，ヨーロッパ北部では北海やバルト海を東西につなぎ，東方ではバルト海，ロシアからコンスタンティノープルそして地中海を南北につなぎ，西では大西洋を北から南へとつなぎ，南では地中海をジブラルタル海峡からシチリア，そしてパレスティナまで東西につなぐ移動ネットワークを形成していったことを確認しておきたい。

ところで，ヴァイキング時代の最終段階で登場したノルウェー王ハロルド（ハラルド＝ハルドラーダ）は，こうしたヴァイキングの広範な移動をいわば個人的に体現した人物であったと言えよう。かれの足跡はロシアからコンスタンティノープル，そしてイングランドにまで及んでいる。かれの生涯はアイスランドの歴史家スノリ（1179-1241）の『ヘイムスクリングラ（ノルウェー王朝史）』に語られているが，ここでは谷口幸男氏によって，かれの活動足跡をたどっておきたい。ハロルドの異父兄弟であったオーラーブ王は，イングランドのカヌート王と戦ったノルウェー沖海戦（1028年）で敗れた後，王位をとりもどすために戦いスティクレスタドで戦死した。ハロルドも重傷を負ったが，スウェーデンに脱出。さらに，ロシアのヤロスラブの宮廷に赴く。ハロルドは傭兵隊長として3年滞在するうち戦術を学んだ。ヤロスラブは娘エリーザベタと結婚させようとするが，まず彼をビザ

ンティン帝国の首都コンスタンティノープルで教育させるべく，精鋭500名をつけて送り出した。ヴェーリンギャル（北欧出身の傭兵）はビザンティン軍の精鋭として評判の存在であった。ハロルドはここで10年を過ごした。

　地中海東部で海賊と戦い，アフリカに遠征し，パレスティナやエルサレムで戦った。またシチリアに派遣され，町を攻略した時の戦術が伝えられている。コンスタンティノープルにもどったハロルドは甥マグヌスが即位したと聞いて，故国へ帰ろうと思い立つ。スウェーデンまでもどると，マグヌス王はハロルドの勇猛さと知略，そして莫大な財産に恐れをなして共同統治を申し出る。ハロルドはこれを受け入れたが，マグヌス王の病死後は全ノルウェーの王になった。ついで，ハロルドの野心はイングランドに向けられ，1066年イングランドに侵入したが，ヨーク近郊スタンフォードブリッジの戦いで戦死している。

2　ノルマン人の移動

　ノルマン人の活動のうち，かれらが1066年に英仏海峡を越えて北のイングランドを征服したことは，歴史上，ノルマン征服として有名であるが，ノルマン人たちはヨーロッパの南では，南イタリア・シチリア王国を建設（アプリアとカラブリアを1059年，そして，シチリアを1072年に獲得）し，また，西では，イベリア半島でのイスラム教徒に対する再征

服運動に従事している。さらに，東では，第一回十字軍に参加して，1098年，現在のシリアにアンティオキア侯国を建てた。

　南イタリア・シチリア方面へのノルマン人移住は，1016年南イタリアのバリ北方の聖地モンテ＝ガルガーノへ巡礼に行ったノルマン騎士たちが現地の有力者に傭兵として雇われたのが始まりであった。聖地モンテ＝ガルガーノはバリ北方の半島にあり，そこの聖所である聖ミカエル教会（モンテ＝サンタンジェロ）は，8世紀以降，巡礼地となった。山辺規子氏は，近くの町の司教の前に大天使ミカエルが現われて，この地を自分とすべての天使に捧げよと命じ，自分の印として鉄の拍車を残していったという言い伝えを紹介している。

　E. ヴァン＝ハウツは，大天使ミカエルとノルマン人との結びつきを指摘しているが，山辺氏も，ノルマン人が，ほかの有名な巡礼地と並んで，みずから深く帰依していたノルマンディーのモン＝サン＝ミシェルの姉妹地であるモンテ＝サンタンジェロを訪れるようになったとして，モンテ＝ガルガーノ巡礼はノルマン人とモン＝サン＝ミシェルとの関連から始まったと主張している。

　モンテ＝ガルガーノとモン＝サン＝ミシェルとの結びつきを，山辺氏は「姉妹地」と呼んでいるが，大天使ミカエルをいただく聖地のネットワークが成立していたと捉えることができよう。陣内秀信氏も「フランスの西海岸の岬の頂に聳え，観光のメッカとしても人気の高いモン＝サン＝ミッシェルも，8世紀初頭につくられた同じ大天使に捧げられた聖

地なのである。世界に名高いこの聖地のルーツもまた，モンテ＝サンタンジェロの町にあることを知っておきたい」と述べている。

聖地モンテ＝ガルガーノ巡礼に来たノルマン騎士たちと出会ったバリ出身のロンバルディア人貴族メルス（Melus）は，義兄弟ダトゥス（Dattus）と共に，当時かれらが支配されていたビザンツ帝国のギリシア人に対して，1009年と1017年に反乱を起こしている。メルスに支援を要請されたノルマン人たちは，いったん帰国して親族たちを説得した。アプリアの肥沃さと住民の臆病さについて語り，旅行に必要なだけのものを運んでいけば，現地では賢明なパトロンのリーダーシップの下でギリシア人に簡単に勝利できるであろうことを約束したのであった。

南イタリアへやってきたノルマン人たちは，反乱軍に加わる。ノルマン人の支援を得て，メルス軍はこぜりあいに勝ち続け，1018年にはビザンツ帝国軍と戦うことになった。しかし，今回はメルス側の大敗であった。山辺氏によると，敗因は，まずビザンツ軍が圧倒的に多かったことである。もともと南イタリアに駐留する軍は少なかったが，この戦いに備えてコンスタンティノープルから多くの援軍が送られてきていた。さらに，この援軍の中には，別の「ノルマン人」（北方人）たちがいた。すなわち，地中海で傭兵として有名であったスカンディナヴィア出身の傭兵たちである。

ところで，ノルマン人たちは，なぜ南イタリアやシチリアへ移住していったのか。巡礼がきっかけになったことは言及

したが，11世紀前半，「ノルマンディーで次第に統治組織が整えられていくにつれ，その国では出世も地位の安定も期待できない者が出てきた。このようなはみだし者が，別天地を求めていったわけである。おそらく，モンテ=ガルガーノにせよ，聖地（エルサレム）にせよ，巡礼の旅に出た時に南イタリアを通ったノルマン人が，そこに豊かな恵み，そして出世のチャンスがあるのを見てとったわけである。故郷ノルマンディーでその話を聞いた者，あるいは，すばらしいみやげに目をみはった者の中には，南イタリアに夢をかけようとした者が少なからずいたことであろう」とする山辺氏の解釈は説得的である。

同じころ，イベリア半島におけるキリスト教徒による再征服運動に参加したノルマン人もいた。こちらもまた，聖地サンチャゴ=デ=コンポステラへの巡礼をきっかけに，イベリア半島北部にあったキリスト教諸国から誘われた可能性がある。1050・60年代にはイベリア半島ではイスラム教徒との戦いが増加していく。1087年異教徒たちはスペインのキリスト教徒たちを略奪し，王国の大部分を占領した。キリスト教徒の王アルフォンソ6世は，まわりのキリスト教徒から支援を受けて反撃し，異教徒を殺し，また追い出した。そして，奪われていた土地を回復していった。ノルマン騎士 Roger I of Tosny は，ノルマンディーから追放されたとき，戦闘を求めて北スペインへと向かった。その後，南フランスのコンク修道院を訪問したのち，ノルマンディーへ帰国している。他方，スペインに定住した Robert of Tarragona の事例もあ

る。かれは，1114年頃到来して1155年に死亡するまで侯としてその地に留まった。こうしたノルマン人移住者のなかには女性や子供たちもいた。

　1096年に開始されたキリスト教の聖地エルサレムを奪還するための十字軍は，中世ヨーロッパの人々にとって，救済と冒険が結びついた旅を行う機会をもたらした。それは最高の聖地エルサレムへの武装集団による巡礼行であった。

　ところで，エルサレム巡礼とノルマン人たちとの結びつきは，十字軍以前から見られた。ノルマンディーでは困窮者，貧者，そして，すべての巡礼者は，父親が息子を扱うような配慮をもって取り扱われたと伝えられている。ノルマンディー公はエルサレムの聖墳墓教会へ寄進をなしており，リチャード2世は100ポンドの金を寄進した。また，聖地への巡礼を希望する者は豊かな贈り物で支援されたという。

　イングランドを征服するノルマンディー公ウィリアムの父親ロバート公もエルサレム巡礼に出かけたが，その途中で死亡した。その結果，庶子ウィリアムは，若くして公位を後継することになったわけである。

　第一回十字軍に際しては，1096年ノルマンディー公ロバートは，イングランド王ウィリアム2世からノルマンディー公国を抵当にして遠征費を工面することで十字軍に参加した。この軍事遠征は聖地を奪還することに成功し，ロバート公はエルサレム支配を委ねられたが，それを辞退して帰国している。

3 ノルマン人の独自性

R.H.C. デーヴィスは，民族的アイデンティティーとは何かを問い，ノルマン人の場合，共通の体験とその伝承が重要であったと主張しながら，「ノルマン人神話」が共有されなくなったときに，ノルマン民族も消滅したとする。共通のアイデンティティーが民族を成立させるのであるとすると，母国のノルマン人と移動していったノルマン人との間のネットワークの形成と維持を重視すべきである。そのことはまた，民族的ネットワークの崩壊がその民族の消滅を示すことを意味している。田中明彦氏は，その著書『新しい中世』において，これからの時代を「新しい中世」と捉えているが，非常に示唆的である。その際，「中世的」とみなされる特徴として，普遍主義と相互依存関係の存在に注目している。相互依存関係とは，国家間の関係，あるいは国家と非国家主体との関係を意味する。

(1) ノルマン人のネットワーク

中世ヨーロッパにおいては，人が移動することで相互依存関係のネットワークが出来上がっていった。ノルマン人についてネットワーク成立の契機としては，次のようなことが言えるであろう。

傭兵として採用されることで，ノルマン人のもつ優秀な軍事的技術が広まっていった。現代の技術移転のような事例として考えられる。ノルマン騎士たちが聖地モンテ＝ガルガー

ノに巡礼したのち，傭兵として南イタリアに移住していった。また，巡礼者によって，聖地と聖地を結ぶネットワークが成立していった。ローマ教皇の対ビザンツや対イスラムの東方政策にもとづく十字軍（1096年）も，ヨーロッパとアンティオキアやエルサレムとを結び付けた。ノルマンディー公ロバートの十字軍遠征は南イタリアのバリ経由であった。ここには，ノルマンディー，バリ（モンテ＝ガルガーノ），そしてエルサレムとのネットワークが想定される。さらに，知識人が新たな知識を求めてヨーロッパ中を移動した。現在では，大学を結ぶネットワークとして捉えられる。司教オドーは，バイユー司教座教会の若い聖職者を学問のためにリエージュに派遣している。

　しかし，なによりも，ノルマン人のリーダーたちが，ヨーロッパ中に，つぎのような結婚による相互依存ネットワークを作り上げていったことが注目されるのである。ノルマンディー公の娘エマはイングランド王エセルレッド2世と結婚（息子がエドワード証聖王）。ノルマン騎士でアンティオキア侯となったボヘモント1世（1090-1111）はフランス王フィリップ1世の娘コンスタンスと結婚した。イングランド王ヘンリー1世は娘マティルダをドイツ王ハインリヒ5世と結婚させた。シチリア伯ロジャー1世の未亡人アデラシアは1113年エルサレム王と再婚した。シチリア王ロジャー2世（1130-54）はカスティラ（スペイン）のアルフォンソ6世の娘エルヴィラと結婚し，さらにブルゴーニュ公の娘と再婚した。シチリア王ウィリアム2世（1166-89）は1176年イング

ランド王ヘンリー2世の三女ジョアンと結婚した。シチリア王女コンスタンスはドイツ王ハインリヒ6世と結婚した。かれらの息子フリードリッヒ2世はシチリア王となり、ついでドイツ王（1197-1250）となった。

　このように結婚ネットワークは、ヨーロッパ各国や地中海周辺国の支配者たちを相互に結び付けていたのである。しかし、これらのネットワークは、国家間の相互依存関係としてよりも、むしろ、権力と権力（王や諸侯）、そして地域間の相互依存関係として取り扱うべきであろう。そこには田中氏のいう中世的特徴のひとつである相互依存関係を見ることができるが、もうひとつの「中世的」特徴とされる普遍主義はどうであろうか。これも、今後の世界、すなわちポスト冷戦時代、また、近代的国民国家後の世界における「新しい中世」の到来を示唆するものである。普遍主義を表すものとして、田中氏は「国際連合」を想定している。

　中世ヨーロッパのグローバリズム（普遍主義）の進展は、ローマ教皇庁によってもたらされたと言えるであろう。その結果、ローマ発の「教会改革運動」というグローバリズムの普及と、キリスト教世界における地域主義（ローカリズム）との軋轢が引き起こされていった。教会改革運動の展開と浸透は、各地域において異なった様相を呈した。なぜなら、各地域の歴史的背景が違い、また、たとえば、そこに定住していったノルマン人たちが置かれていた政治・宗教的状態が異なっていたからである。

　一方で、南イタリア・シチリアのノルマン人にとっては、

ローマ教皇は，教会改革運動との関連でというより，むしろ「権力」としてその関係が問題であった。それは，とりわけローマ教皇とイタリア半島の諸勢力やドイツ王との近接性ゆえにであった。たとえば，そのことはノルマン人による教皇グレゴリー7世の救出や対立教皇によるシチリア王国の成立承認においてうかがわれる。他方で，ローマから遠隔の地にあったフランスやイングランドでは，「権力」としてのローマ教皇が問題であったというよりも，むしろ各君主としては，他権力との競合関係において自己を強化（正当化）するための「権威」（拠り所）として教皇を利用することが重大であったと言えよう。その意味では，ローマ教皇が普遍的な調停機能を果たしうる可能性があったのである。

（2）ノルマン人の移住

ノルマン人の移動や移住はローマ教皇の対外政策や東西南北への軍事的遠征と結びついていた。それらは，大まかに，東西南へのイスラム教徒に対する「十字軍」，北へのそれはキリスト教徒のイングランドに対する「聖戦」として位置づけることができる。

東では，1096年，ビザンツやイスラムに対するローマ教皇の東方政策に影響されながら，キリスト教の聖地エルサレムに向かった大規模な第1回十字軍においてノルマン騎士が活躍した。かれらの一部は，アンティオキア侯国を建設している。西では，これもイスラムに対するローマ教皇の西方政策や聖地サンチャゴ＝デ＝コンポステラへの巡礼と結びつき

ながら，イベリア半島においてノルマン騎士たちは再征服運動において活躍していった。ノルマンディーから北へ海峡を越えたイングランドの征服は，同じキリスト教徒に対するものであり，それは十字軍とは言えないが，少なくともローマ教皇に承認された「聖戦」と呼べるものであった。

　南でのシチリアの征服はイスラム教徒に対する「十字軍」とみなすことができるであろう。もっとも，シチリア征服を対イスラム征服とみなすことに慎重な見解もある。高山博氏は，ノルマン人のロジャー1世の軍隊には，イスラム人部隊が存在していたことを強調している。しかし，その事実を認めるとしても，ノルマン人のシチリア征服を対イスラムの「十字軍」であると捉える立場が，完全に否定されると考える必要もないのではないか。

　こうしたヨーロッパ各地域へ移住したノルマン人の活動について，かれらの独自性を比較する研究がある。ハーバード大学歴史学教授であったC.H.ハスキンズは，かつて，イングランドのノルマン人が独創性において優れていた（騎士制度，封建制度，築城等の統治技術や軍事技術）のに対して，南イタリア・シチリアのノルマン人が，その適応力や同化力において優れていたと主張した。また，かれはノルマン人が「パン種」のようなものであり，大事業を起こす核となったとみなした。また，適応力や応用力にすぐれているといったその特性ゆえに，急速に自分たちのアイデンティティーを失うことになったが，同時に，中世ヨーロッパにおいて大きな文化的足跡を残すことになったと主張している。それでは，

こうした指摘は依然として有効なのであろうか。

　D.C. ダグラスやR.H.C. デーヴィスも，イングランドや南イタリア・シチリアのノルマン人たちの特性について，基本的には，ハスキンズの見解を継承している。もし，両ノルマン人たちの特性の相違が認められるとすれば，その原因は何か。この問題を検討する場合，移住した主体に関する相違と移住先の環境の相違とに区別して考えることができるであろう。

　ハスキンズは，移住したノルマン人についての母国ノルマンディーにおける社会的階層の相違として考えた。しかし，筆者は，現実に相違が生じてきたのは，出身社会階層などノルマン人の側における差異というよりも，移住状況（移住集団の規模と移動距離，そして，なによりも，定住形態）の相違ゆえであったと考える。

　たしかにイングランドのノルマン人については，リーダーシップと独創性を指摘できる。移動した人数は多く，ノルマンディー公以下多数のノルマン人が征服とともに移住した。海峡を越えただけの移動距離は短く，ノルマン人としてのアイデンティティーは強かったはずである。イングランドの人々は宗教的に同じキリス教徒であり，適応また同化する努力はそれほど必要なかった。それゆえ，自分達の独自性を発揮すること，すなわち支配者として意図するところを実行することができたのであろう。

　他方，南イタリア・シチリアのノルマン人については，その適応力と同化力を指摘できる。移住集団は少数であり，移

住も当初は傭兵としてであった。移動距離は長く，アイデンティティーは弱かったようである。支配者となってからも，かれらは，ノルマンディーでの自分達のやり方を押し付けるよりも，現地のやり方に適応し，現地の役人たち（ギリシア人やイスラム教徒）を採用していった方が統治しやすいと考えたわけである。

　このように11・12世紀の騎士を中心とするノルマン人の移動を見てみると，かれらの移住が聖地への巡礼と結びついていたこと，また「十字軍」や「聖戦」と呼べるような行動をとっていたことがわかる。さらに，ノルマン人が創造したものや，かれらが示した独自性には，移住先の環境や移住形態の相違が影響していたことが理解できる。

4　聖地と聖所

　つぎに，巡礼という視点から中世の旅について考えてみよう。巡礼を論じる場合，人々はなぜ，どこに巡礼の旅をしたのかが問題になる。巡礼者は聖地をめざし，聖地にある「聖所」（shrine，聖なる場所，墓所）において神や聖人に対して願いがかなうように祈った。では，中世ヨーロッパにおいて，聖地とはどのような場所であり，聖人崇拝はどのような特徴をもっていたのであろうか。

　中世ヨーロッパの聖地とは，たしかにキリスト教の聖地と言って良いが，それでは，キリスト教以前には聖地は無かっ

たのであろうか。この点で，キリスト教が布教される以前と以後，そして現在という時間的移動の視点から巡礼そして聖地を問題にすることができる。結論的に言えば，キリスト教以前からの聖地にキリスト教の教会堂が建てられている事例が多くあり，聖地としての連続性が認められるのである。

　ヨーロッパでは，キリスト教以前の古代ケルト信仰の対象であった泉や井戸が存在した場所にキリスト教の教会堂が建てられた事例が多くある。紀元前500年頃にブリテン島に移動したケルト人たちは，多くの神々を崇拝していた。そして，神々はしばしば地方的であった。キリスト教の伝道者たちは，異教的信仰を単に否定するのではなく，むしろ古い神話や神聖な場所を利用しながら新しい宗教に適応させていった。6世紀にブリテン島へのキリスト教布教を先導したローマ教皇グレゴリー1世も，伝道修道士たちに対して古い崇拝場所にキリスト教の教会堂を建てるようにと指導している。

　さきに言及した聖地モンテ＝ガルガーノについて，陣内氏は次のような注目すべき指摘をしている。「古来，人間は洞窟や山頂に宗教的な雰囲気を感じ，そこにしばしば祠を設けてきた。聖ミカエル信仰は特にその傾向を強く示す。この大天使の信仰はしばしば，自然の洞窟の中に，山の頂上に，あるいは高く聳える場所に，時には川や泉の近くに，聖なる場所を求めた。まさにガルガーノのそれのように，聖なる意味を強く感じさせる自然の舞台を選んだのである。聖ミカエルは，教会の敵と闘い，自然の力を鎮め，おさめる英雄として考えられていたという。キリスト教の時代になると，山や渓

谷，洞窟，泉といった自然の中に聖なる意味を見出す価値観は薄れ，＜場所＞のもつ意味が失われたと思われがちだが，中世の早い時期には，人々の心の中にこうした感覚は綿々と生き続けていた。それがヨーロッパ文化の基層として今も受け継がれているといえよう。」そこには，聖地としての連続性が認められるのである。

　ヨーロッパの大陸側では古代の大地母神からマリア信仰への連続性が見られるようである。また，12世紀頃になると，それまで救済理論が乏しかった女性に対して目が向けられるようになった。すなわち，アダムを誘惑したイヴに連なり神のもとからの人類の追放に責任あるとして断罪されがちであった女性のために，人類の救世主キリストをもたらした聖母マリアという捉え方が強調されてくる。母親と子供のキリスト，女性への関心の高まりであった。マリア信仰は，聖アンセルムや聖ベルナールのような雄弁な擁護者をもちながら，人々に親しみと救済への具体的手がかりを与えていった。同時に，渡邊昌美氏が指摘するように，12世紀のシトー修道士たちによる開墾地の新村落ではマリアに捧げられている教会堂が多く，シトー派の聖ベルナールが熱心なマリア信仰の推進者であったことは重要である。

　イングランドでも，ウォルシンガムの聖母マリア修道院が，有名な巡礼地のひとつに発展していった。それは，1150年頃に在地の女領主 Richelde of Fervaques が建てたチャペルに起源をもつようである。そのチャペルは，マリアへの受胎告知があったナザレの修道院と建物の外観が似ていたとい

われる。彼女の息子ジェフリーは，聖地エルサレムを訪れていたが，1153年頃チャペルに修道院を付け加えている。その後，修道院は巡礼の中心地となった。そこには，オックスフォードのセント＝フライデスワイドと同様に，治癒奇蹟を起こす聖所の側に医術において優れた技能をもつ律修聖職者たちがいたことが示唆的である。チャペルはアウグスティヌス派律修聖職者の修道院に併合されたのであった。それに加えて，教会堂の東側に「癒しの井戸」が存在していたことが注目される。古代ケルト的な信仰の対象としての泉の存在と連続性を示唆しているからである。

　聖地への巡礼で人々は何を求めていたのであろうか。北ウェールズの聖地 Holywell のように，古代ケルト時代，ついでキリスト教時代，そして現代でも巡礼者が多いのは，ここが宗派にかかわらず民衆信仰における聖地であり続けたからである。すなわち，聖地としての連続性が認められる場所である。そこでは「癒し」が与えられ，奇蹟が体験される。そこは巡礼者が求めているものを与えてくれる場所である。すなわち，「救い」を与えてくれる。

　このように聖地をめぐっては，まずは，中世ヨーロッパのキリスト教聖地への巡礼を問題にすることができるが，同時に，キリスト教以前の聖地，さらに現在でも巡礼者が集まる聖地としての連続性に注目することが重要である。聖地をめぐって，植島啓司氏が，聖地はわずか1センチたりとも場所を移動しない，聖地はきわめてシンプルな石組みをメルクマールとする，聖地は「もうひとつのネットワーク」を形成

する，と述べていることは示唆的である。

つぎに，中世の旅をめぐる空間的移動という視点からは，聖地と聖地をつなぐネットワークということが指摘できる。

キリスト教会は中世ヨーロッパにおける学問と芸術の最前線基地であり，それらの結びつきは国際的であった。初期のアイルランド系伝道修道士たちは，ブリテン島西部（コーンウォール半島，ウエールズ，スコットランド西部），そしてアイルランド，さらにブルターニュの間を自由に移動していた。かれらの代表的聖人としては，Patrick（アイルランド），Columba（スコットランド），David（ウェールズ），Piran（ブルターニュ）といったエネルギッシュな修道士たちがいた。かれらは同輩や弟子たちによって尊敬されていたので，かれらの教会はすぐに聖所となり，巡礼者たちがあらゆる困難を乗り越え旅してくるようになったのである。

こうしたケルト系修道士は布教活動や異郷遍歴活動を重視した。朝倉文市氏にしたがえば，かれらの異郷遍歴活動と使徒的生活，そして巡礼との関連を指摘できるのである。「ペレグリナティオとは，単なる冒険でも巡礼のために故郷を捨てることでもなく，自らの霊魂の救済のためにつねに新しい故郷を求めて彷徨い歩く贖罪的苦行の意味を伴った禁欲的動機にもとづく行為であった。」「自らの意思で流浪の道を，キリストに導かれ，キリストに従って，キリストとともに歩む生き方である。それは＜白の殉教＞，つまり主のために自己の愛着するものをすべて捨て断ち切ること，したがって故郷を心身共に離れ，異郷へ巡礼者として赴くことである。」

ケルト系修道士たちの伝道活動によってアイルランド海を中心とした周辺地域の教会を結ぶネットワークが形成されていった。巡礼者たちは，いわば聖地を結ぶネットワーク上を移動していたと言えるのかもしれない。K. スグデンが指摘しているように，ケルト系伝道者たちに関わる巡礼の4つの聖地 St Michael's Mount, Iona, St David's Cathedral, Lindisfarne がすべて海岸線に有ることは，ケルト系聖人たちが海を旅したということを示唆していて興味深い。

ノルマン人は，大天使ミカエルによって結ばれたノルマンディーの聖地モン=サン=ミシェルとの関連で南イタリアの聖地モンテ=ガルガーノへの巡礼を行ったのであった。「モン=サン=ミシェル修道院の起源は，遠く8世紀にさかのぼる。時のアヴランシュ司教の前に，大天使ミカエルが姿をあらわし，モン=トンブと呼ばれる岩場に自分のために礼拝堂を建てるように命じたという。このときに建てられた礼拝堂がモン=サン=ミシェル修道院の起源になったという。以後，ノルマンディー公などの保護を受け，モン=サン=ミシェルは発展を遂げていく。特に大天使ミカエルが，戦いをつかさどる天使だということで，騎士たちの巡礼地として人気があった。」山辺氏は，両聖地に関する類似の縁起エピソードを紹介している。また，陣内氏も大天使に捧げられた聖地モン=サン=ミッシェルのルーツもモンテ=サンタンジェロの町にあるとして，聖ミカエル信仰の伝播と聖地の空間的連続性を主張しているのである。

国際的なイベリア半島のサンチャゴ=デ=コンポステラへ

の巡礼では，フランスからの4つのルート沿いに，出発点から教会堂や修道院をつなぎながら最終的な聖地へと向かうネットワークが形成されている。ローカルなレベルでも聖地をつなぐネットワークが成立した。イングランドのカンタベリーへの巡礼路にある教会やチャペルのネットワーク。また，北ウェールズのホーリーウェルへの巡礼路などがある。

ローマへの巡礼は，聖ペテロや聖パウロのような普遍的聖人の普及を促進し，キリスト教世界の人々にとって身近なものにしていったと考えられる。他方，各地域にあった多くの地方的聖人崇拝センター (cult centers) は，聖遺物の分散や聖人との関わりといった種々の事情から生じた。各崇拝場所が，同一の聖人の主要な聖所によってコントロールされていたわけではなかった。たとえば，ノーサンブリアの聖オズワルドは，初期には，かれの生涯，かれの死，そしてかれの分けられた身体の一部と結びついた多数の場所で崇拝されていたが，リンディスファーンに埋葬されていたかれの頭をダラム司教座教会が所有するようになったことが，ダラムに主要な地位を与えることになったのである。

5 聖人崇拝

巡礼者たちは，聖所において聖人や神に祈った。では，聖人たちに対しては，何を手がかりにして祈ったのであろうか。その点こそが，中世ヨーロッパの巡礼を考える際に注目

すべきであるが, 聖人たちの遺骸の一部, かれらに関連した物的遺物, すなわち聖遺物こそが, 聖人たちにお祈りする際に欠かせない手がかりであった。

とりわけ十字軍遠征以後, 東方から諸聖人に関する聖遺物が流入した。そのことは, 普遍的聖人や東方の地方的聖人を西方において馴染みあるものにしていった。その結果, ほとんどすべての主要な教会や修道院が聖遺物を保持するようになり, 聖遺物の売買が行われる「マーケット」も存在していたようである。有名な聖所での聖遺物の数は, 修道士や司教たちがより多くの巡礼者を引き付けようと競うようになるにつれて, ますます増加した。すべての教会は, 何らかの種類の聖遺物をもっていた。もっとも, 聖母マリアや大天使ミカエル信仰が流行し存続し得た理由として, それらの肉体的遺物が存在しなかったことを示唆する渡辺氏の見解にも注目すべきであろう。

中世ヨーロッパでは, スグデンによれば, 人々が町の評判を判断するのに人口の規模や生産物の質にではなく, 町にある聖遺物の数や評判に基づいて判断したと言われる。いくつかの聖地は, 多数の聖人たちとの結びつきをもっていた。たとえば, グラストンベリー修道院では, アーサー王以外にも, 13人の聖人と結びついていた。グラストンベリーとカンタベリーの修道士たちとの間では, 聖ダンスタンの遺骨が長く激しい論争の対象となった。両者が真の聖遺物を保有していると主張したからである。聖職者たちがどうしてよいかわからないほどの聖遺物を所有していた聖所もあった。たと

えば、カンタベリー大司教座教会では、400以上の聖遺物が箇条書にされていたという。

こうした状況は、いわば「聖遺物の氾濫」と言えるものであった。聖遺物が複製され、それはこっけいな程度にまで達した。たとえば、洗礼者ヨハネの少なくとも10の頭蓋骨があった。スグデンは、後代の興味深いエピソードを紹介している。ある16世紀の巡礼者が、フランスの修道院で洗礼者ヨハネの頭を見せられた時、かれは、ほんの一日前にも別の修道院において、同じ聖人の頭蓋骨を見てきたとコメントした。すると修道士は答えた。「おそらく、それは洗礼者ヨハネが青年であった時の頭蓋骨です。他方、われわれが保有しているこれは、年令と知恵において十分に成長した後のかれの頭蓋骨です」と。

聖人が修道士の夢に現れ、相応しい保管場所を求めた結果、他の宗教施設からの聖遺物の「盗み」が実行されることがあった。聖遺物がますます崇拝されるようになると、それらが産み出す富が盗みを引き起こした。たとえば、1020年にひとりの巡礼者が尊者ベーダの聖遺物を盗んでダラムへと持っていった。それは、依然としてダラム司教座教会のガリレー＝チャペルに安置されている。

ところで、中世の奇蹟の証明は現在とはちがう。たとえば、夢あるいは幻視に現われた聖人が、自分が相応しく埋葬されていないので丁重に埋葬し直してくれと告げる。翌日、その場所に行って掘ると骨が出てくる。まさにそれこそが聖人の骨であった。丁重に埋葬しなおすと、奇蹟が起き始めた。中

世の人々にはこうした論理だけで十分であったのである。

聖人崇拝によりもたらされた奇蹟の事例はしだいにパターン化していった。多くは，病気治癒に関するものであった。869 年にデイン人によって殉教したイースト＝アングリア王エドムンド（在位 c.865-69)の崇拝は，ひとつの形を示している。11 世紀末の記録作者である大助祭ハーマン（Herman)は聖遺物に関する最初の控えめな報告をしている。915 年ころに聖人の遺骸がベリーへと移葬され，遺骸を保管するための共同体が設置されることで，聖人崇拝は発展していった。しかし，魔法を行う者（病気治癒者）としてのエドムンドの記録は 11 世紀を待たねばならない。カヌート王が即位し，1020 年ベリーに修道院が設立されることで，単なるイースト＝アングリアの守護者としてではなく全国的なイングランド聖人としてエドムン崇拝が発展していったのである。一連の国王たち（カヌート，エドワード証聖王，ハロルド）は，かれに敬意を払い支援した。そして，この時期から「大衆」巡礼と呼べるものが始まったようである。いろいろの場所から，多くの人々が自分たちの健康のためにその聖人を訪れるようになった。すべてのイングランド人の守護者としてみずからを確立してきていた聖人は，ノルマン征服後には，ノルマン人たちをかれの支持母体につけ加えることになった。

1102 年ウェストミンスターで大司教アンセルムの下に開催された教会会議は，泉の崇拝を否認したが，さらなる禁止事項をつけ加えている。「何人も，司教の認可なく，大胆な刷新によって，泉，死体，あるいは他のものを神聖なものと

して取り扱ってはならない。我々は，そうした事態が生じていることを知っているのであるが。」D. ウェブは，認可されない死んだ個人を崇拝することへの言及は，ワルセオフ伯崇拝に対する攻撃であったと考えている。同伯は，反乱への共謀ゆえに 1076 年ウィリアム 1 世によって処刑された。クローランド修道院に埋葬されたかれは，1092 年教会堂へ移葬された。ウィリアム＝オヴ＝マームズベリーは，ワルセオフの遺体が腐敗していなかったばかりか，切断された首が身体に再び結合され，そのことを示す細い赤線のみが認められた奇蹟について語っている。

　ウェッブが主張するように，イングランド人の目には，ワルセオフはノルマン人侵略者たちに対する無実の人であり，その処刑が政治的「殉教」であったということには疑問の余地がないのかもしれない。しかし，ワルセオフ崇拝については，こうしたイングランド側の立場のみが強調されるべきではない。なぜなら，そこにはノルマン人修道院長ジョフリー（Geoffrey）による，地方的なアングロ＝サクソン人聖人崇拝の創出と，奇蹟による巡礼者の誘致という修道院全体としての動機を指摘することができるからである。

6　巡礼

(1) 巡礼者

　これまでの検討から，中世ヨーロッパの巡礼の旅をめぐっ

て，巡礼者たちがどのような聖地に出かけ，聖人や聖遺物を手がかりとして神に祈り，奇蹟を受けたかが明らかになった。それでは，主人公である巡礼者はどのような人々であったのか。イングランドでの事情を中心に検討していきたい。

階層的には社会上層の人々が巡礼に出かけたことはまちがいない。国王，諸侯，司教やかれらの従者たちがエルサレム，ローマ，サンチャゴ＝デ＝コンポステラへ巡礼に出かけた。

1027年カヌート王はローマ巡礼を行い，ローマ教会への献金を約束している。12世紀の歴史家ヘンリー＝オヴ＝ハンティンドンは，「王が巡礼の際になす彼の施与，寛大な寄進，そして偉大で力強い行為に並ぶ者がいるであろうか。そのような華麗さと栄光のうちに，ローマのいくつかの聖所を訪問した王は，西方世界の領域内にはだれもいない」と述べている。また，歴史家ヘンリーは，1052-53年に，アングロ＝サクソンの有力貴族ゴドウィン伯とかれの息子スヴェインが，亡命先のフランドルからワイト島へ急行し，そこを略奪したと記しているが，D. グリーンウェイによれば，実際には，息子はゴドウィンには同行せずエルサレムへと向かっており，帰途には死亡したようである。

1143年クリスマス前に，スティーヴン王の弟でグラストンベリー修道院長，さらにウィンチェスター司教であったヘンリー＝オヴ＝ブロアがローマへと旅し，それにカンタベリー大司教セオボールドが続いた。両者とも，教皇インノセント2世が死んだいま，教皇使節に任命されることを求めていたからである。さらに，司教ヘンリーは，1149-51年ロー

マ訪問の帰途にウィンチェスターの司教館を飾るために，古代彫刻など多くの異教的な芸術品を購入して持ち帰ったと評判になった。かれはロマネスク芸術の最大のパトロンの1人であった。こうした司教や大司教たちのローマ訪問を，ただちに巡礼とみなすことはできないかもしれない。たしかに彼らの行動は，宗教的敬虔さからというより，教皇へのアピールのための訪問であり，むしろ世俗的動機とみなされるべきかもしれない。しかし，一般の巡礼者たちについても，巡礼の宗教的動機と世俗的動機を区別することが困難な場合も多いのである。

　リンカーン司教アレクサンダーはカンタベリー大司教ウィリアム，ヨーク大司教サースタンに同行してローマを訪問し，寛大な寄進を行っているが，かれは，1145年再びローマへ行った。以前にも最大限の寛大さをもって行動していたので，新教皇エウゲニウス3世は名誉をもって歓待したと伝えられている。

　イングランドからサンチャゴ＝デ＝コンポステラ巡礼へと出かけた人々もいた。ヘンリー1世がレディング修道院へと贈った聖ヤコブの手は，その修道院をイングランドにおける聖ヤコブ信仰の主要センターとして確立した。その地位は，すでにサンチャゴ＝デ＝コンポステラへ2度も巡礼していた父親の息子をその聖遺物が治癒したことで強化されたという。

　ヘンリー2世は，1166年南フランスのロカマドールに出現した聖母マリアの聖地へと巡礼した最初期の人である。か

れは，1170年に同所を再度訪問している。1177年初めには，コンポステラを訪れる意図を宣言し，フェルディナンド＝オヴ＝レオンに安全通行権を求めて使者を派遣したりしていた。結局，国王のコンポステラ巡礼は実現しなかったが，その可能性は大きかったといえよう。

社会的に下層の人々も国内の巡礼地を訪れた可能性がある。イングランドにおけるカンタベリーやウォルシンガムへの贖罪や病気治癒奇蹟を求めての巡礼がそうであった。下層のイングランド人たちは，自国の地方的聖所を訪問することで満足しなければならなかったが，そうした場合でも，どの聖所に行くかの選択は広範であったにちがいない。多くの教会堂が地方的聖人たちによって建設されたし，そこには，奇蹟を起こすかれらの聖遺物が所蔵されていたからである。

(2) 巡礼目的

通常，人々は，宗教的理由で巡礼に出かけたが，時には，世俗的動機による者もいた。巡礼者は，聖所において祈りながら，事業（冒険）や交易，恋愛や戦争における成功，あるいは，病気や不能治癒のために聖人に対して直接に訴えたのである。

ノルマン騎士ウィリアム＝クリスピン3世は捕虜になったとき，ベック修道院の聖母マリアに祈願した。神が自分を苦難から自由にしてくれた時にはエルサレムを訪れるであろうと。まもなく獄から解放されたので，十字架を取った。それは，エルサレム行きを誓う行為であった。かれは巡礼の途中

か出発前に死ぬことがあれば、ベックに埋葬してもらえるように神に願った。結局、かれは出発前に死に、約束どおりに埋葬されたが、それはマリアの執り成しのおかげであると言われた。

巡礼の動機としては、なによりも病気治癒の願いが多かったようである。その際、特定の聖所が特定の病気治癒の奇蹟を起こしている場合には、聖遺物の主体である聖人の属性と関連があったようである。たとえば、727年死亡したオックスフォードの若い女性殉教者である聖フライデスワイドは若い女性の精神的疾患（ノイローゼ）を癒すことで評判であった。もっともサンチャゴ＝デ＝コンポステラ巡礼は、幅広い病気の治癒に効果があったことが報告されており、それは、まるで「総合病院」のイメージを与えている。現在、ヨーロッパを旅すると聖母マリアやたとえばパレルモの女性聖人と、中世末に流行ったペストからの救済との結びつきを見ることができる。そのことは、14世紀が最盛期とされる巡礼現象と黒死病との関連を示唆しているのかもしれない。

ヘンリー2世の騎士たちによって殉教させられたカンタベリー大司教トマス＝ベケットは、カンタベリーにおいてのみではなく、他所の聖人崇拝に対しても直接的影響を引き起こしていく。以後、イングランドのいかなる聖人（また、聖遺物保管者）も、このカンタベリーの殉教者を無視することができなくなった。それは、単に、寄進を求めての競争というだけではなく、他の古い聖人たちがいかに名誉を維持するのかという問題でもあった。

1180年2月12日，聖フライデスワイドの聖遺物が新しい聖所へと移葬された。そして，奇蹟集が修道院長フィリップによって更新された。フライデスワイドの奇蹟集にも，奇蹟物語の一般的事例が見られる。多数の巡礼者は，彼女のところに来るまえに，他の不特定の聖人達の聖所を訪ねてきていた。また，彼女は，イングランド中部地方からやって来た女性たちのために治癒を行っている。聖トマスは，奇蹟集では特別に4回述べられている。ブルターニュ出身の騎士Hamoは，カンタベリーでは病気治癒がかなわず失望したが，その後，親族訪問のためにオックスフォードへやって来て快癒されるという喜ばしい驚きを体験することになった。他の受益者たちは，聖トマスにより，部分的に治癒されただけか，まったく治癒を得られなかった人々であった。しかしながら，トマスは，いつも最高の尊敬語で言及されている。なぜトマスが，かれらに恩恵を施すことができないか，あるいは，それを望まなかったのかは説明されてはいない。しかし，考えられることは，その地方の人々が守護聖人としての聖フライデスワイドに絶対的な信頼を寄せていたにちがいないということである。

巡礼者を受け入れた側の教会や修道院にとって，巡礼の経済効果は無視できないものであった。巡礼者の増加は施与や金品の奉納を増やし，それは経済的増収をもたらした。王や貴族たちは，聖所やホスピス（施療院）へ多額の金を基本財産として寄付した。また，一般巡礼者たちの寄付も，多くの教会堂や修道院を再建する助けとなった。中世ヨーロッパに

おいて，教会や修道院がいろいろの聖遺物を収集保管することで，できるだけ多くの巡礼者たちを引き付けようとしたのもこうした事情があったからである。青山吉信氏が指摘するように，グラストンベリー修道院は，新たな聖遺物の発見により巡礼者を誘致することで経済的困窮から脱出することができたのであった。

(3) 知的巡礼

　中世ヨーロッパで地理的に広範に移動した人々のなかには，新しい知識を求めて旅をした知識人たちがいた。11・12世紀フランスのパリや南イタリアのサレルノだけでなく，イスラム世界との接点であり，各種書物の翻訳が行われていた異文化センター（拠点）にもヨーロッパ各地から学徒が集まってきた。11世紀から13世紀にかけて，ラテン世界の学者たちはアラビアに起源をもつ新しい科学的知識をつけ加えていった。R.W. サザーンにしたがえば，11世紀の中葉には，サレルノが中心となる医学研究がアラビア世界からラテン世界に紹介され始めた。これらの科学的知識の流入は，11世紀にはゆっくりと，しかし12世紀になると急速に速度を増して，西ヨーロッパの科学的知識を変化させていく。

　こうした知的潮流に関しては，スペインのトレドやシチリアのパレルモにおけるアラビア語文献のギリシャ語やラテン語への翻訳活動が注目される。ゲルベルトゥス（ジルベール，のちの教皇シルヴェステル2世，在位，999-1003）は，書物と学問に対する激しい欲求にとりつかれ，未知の文献を求め

てヨーロッパ各地の修道院を漁り歩いた。まさに，知的冒険を求めて図書館や異文化センターを巡り歩く「知的巡礼者」であったと言える。

　12世紀に活躍したノルマン知識人の中にもイングランドのバース生まれのアデラード (Adelard of Bath, c.1080-c.1150) がいる。伊東俊太郎氏によれば，かれは若くして国王ヘンリー1世に認められてフランスに送られ，トゥールで学んだのちランで教えた。スコラ学の研究にあきたらず，アラビアの新しい学術の研究を志し，南イタリアのサレルノやシチリアに向かった。さらに，シリアからパレスティナに旅し，エルサレムで天文観測を行っている。その後おそらく地中海を横断してスペインに到り，1116年ごろイングランドに帰国して，後の国王ヘンリー2世の教師となったようである。

　イベリア半島，シチリア，南イタリアでは，アラビア語あるいはギリシア語を知っていて，キリスト教世界と外界との仲介者として役立つ，新しいチャンスを求める知識人たちがいた。かれらは，ヨーロッパ各地から，旅にともなう苦難にもかかわらず，新しい知識を求めて，これらの知的センターにやって来た人々であった。

おわりに

　中世ヨーロッパの旅は異民族異文化の接触をもたらした。中世の旅の特徴は，騎士と巡礼，すなわち冒険と救済とが結

合していた場合が多かったということである。これまで検討してきた騎士を中心としたノルマン人たちの移住とかれらの独自性に関する相違は，大まかには次のようになるであろう。イングランドでは移住者が多数であり，しかも支配者として自分達の独自性や独創性を発揮することができた。イベリア半島では，移住者が少数すぎて，歴史上，固有の足跡を残すことが困難であった。南イタリア・シチリアは中間的であり，初期には少数の傭兵たちであったが，ついには支配者になることに成功した。同化力や適応力においてすぐれた能力を発揮している。

　11・12世紀ヨーロッパにおいては，渡邊氏の表現を借りれば「心の風景」が変化していった。たとえば，聖母マリアと子供のキリストが注目されるようになる。画一的で抽象的な神学理論が整備されて普及していくにしたがって，一般信者にとって身近に感じられるマリア信仰が求められていったのではないか。また，具体的な聖人崇拝，その多くは地方的聖人の崇拝であるが，それもきわめて具体的な信仰形態であった。聖人の身体的遺物は具体的であり，巡礼者（信者）たちは，そうした聖遺物に触れることで安心感を得たり，触れながら祈ることで確実な効果を期待したのであろう。

　12世紀に理想とされた「使徒的生活」は福音の伝道による人間の救済を意図していた。ある意味で，12世紀は，上からの司牧責任と下からの救済願望が相まって具体的な宗教形態が実践された時代であったといえるのではないか。聖職者の側からは使徒的生活（空間移動）が行われ，信者の側か

らは巡礼（空間移動）が行われた。それらは，ともにキリストの行動の模倣であった。聖地巡礼とは，キリスト受難の跡をたどる行為であったからである。

　巡礼という人の移動は，キリスト教的普遍性を広める働きをもった。さらに，巡礼を宗教的修業として捉えることができるかもしれない。施与に依存（清貧活動）することで，人間は1人では生きられないことを理解する。そして，人の優しさを知る。現代では，多くの場合に短時間で目的地へ到達することが期待されているが，中世ヨーロッパの巡礼の旅では，目的地へ到達するまでの途中の宗教的体験が重視されていたのである。また，言い換えれば，中世の巡礼とは，現世の日常性から出発して聖地に赴き，目に見える具体的な聖遺物を手がかりにして，時空を超えた聖人や神に祈ることで奇蹟を招来し，それによって現世的な病気治癒を得たり，あるいは，来世での救済を約束されることで現世での精神的安心感を得たような時空間移動の行為であったといえるのではないか。

　最後に，ノルマン人の独自性と同時代のロマネスク美術の特徴との間には類似性を見出せるのではないか。11・12世紀ヨーロッパで見られた「ロマネスク美術」の特徴とは，馬杉宗夫氏が言うように「地方的多様性のなかの統一性」であった。同様に，「ノルマン人の多様性」は，R.H.C.デーヴィスによれば，かれらの「伝統を尊重する才能，征服地の人々の能力を引き出す才能」によるものと説明される。

　このように，ノルマン人とロマネスク美術との類似性が認

められるとすると,その特徴は一言で言えば「折衷主義」と言えるのかもしれない。そのやり方は,人材,資源,情報,技術,チャンスに関して利用できるものはすべて利用するというものであった。すなわち,まずは多様な要素の「調和的統一」を確保したうえで,目標に向かって果敢に行動する,あるいは事業を行うというものであった。言い換えれば,ノルマン人の独自性とは,イングランドや南イタリア・シチリアといったいずれの移住地においても,適確な状況判断と手に入るすべての有効な資源(人,モノ,カネ,情報)を最大限に利用しながら,目標を達成していったことである。その場合の目標とは,所領や財宝の獲得であり,王位や侯位の獲得であった。また,そのための征服や統治事業であった。さらに目標には,宗教的救済や冒険,そして知的好奇心を充たすための行動も含まれていたのである。

(付記)2005年3月末に広島大学大学院教育学研究科教授 佐藤眞典氏が退職される。ローマ教皇と神聖ローマ皇帝との間にあった北イタリア諸都市の存立をめぐる研究成果は、中世の相互依存関係の考察にとって啓発される点が多かった。私事になるが、これまでの学恩に感謝して本稿を捧げたい。

図表1　ヴァイキング（ノルマン人）の活動

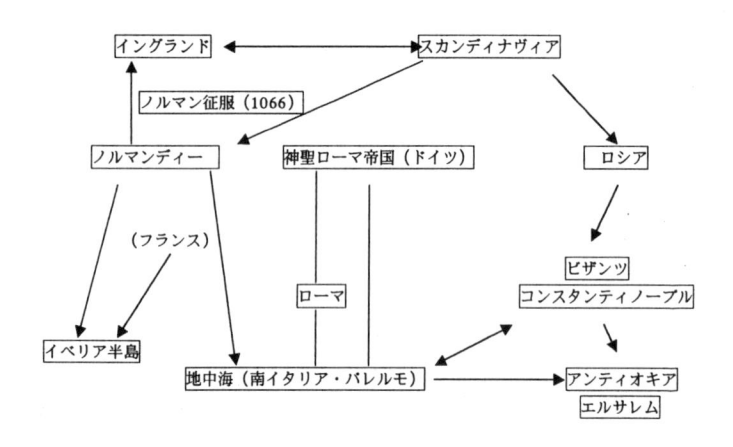

```
         イングランド ←――――→ スカンディナヴィア
              ↑                    │
              │ ノルマン征服(1066)   │
              │                    │
          ノルマンディー   神聖ローマ帝国（ドイツ）    ロシア
            │   │                                  │
            │   │（フランス）                       │
            │   │                                  ↓
            │   │                              ビザンツ
            │   │              ローマ          コンスタンティノープル
            ↓   ↓                                  │
        イベリア半島    地中海（南イタリア・パレルモ）→ アンティオキア
                                                 エルサレム
```

図表2　ノルマン人の移住

移住先	出身階層	移動距離	移住形態	特性	事例
1) アングロ＝ノルマン王国	公・諸侯	短い	支配者 (対キリスト教徒)	リーダーシップ 独創性（創造） 他方面への余裕	封建制度 騎士制度（築城） 現地制度継承
2) 南イタリア＝シチリア王国	中小騎士	長い	傭兵・支配者 (対ギリシア人) (対イスラム教徒)	適応・同化	現地役人採用 (現地人を通じての支配)
3) イベリア半島 (レコンキスタ)	諸侯・中小騎士	長い	傭兵 (対イスラム教徒)	適応	戦争技術
4) アンティオキア (エルサレム)	南イタリアの諸侯・騎士	長い	支配者 (対イスラム教徒)	適応	戦争技術

参考文献

R.A.Brown, *The Normans.* Woodbridge, 1984.

M.Chibnall, *The Normans.* Oxford, 2000.

R.H.C.Davis, *The Normans and Their Myth.* London, 1976.

D.C.Douglas, *The Norman Achievement, 1050-1100.* London, 1969.

D.C.Douglas, *The Norman Fate 1100-1154.* Berkley, 1976.

D.C.Douglas, *William the Conqueror: The Norman Impact upon England.* Berkley, 1964.

B.Golding, *Conquest and Colonization: the Normans in Britain, 1066-1100.* London, 1994.

D.Greenway trans., *Henry of Huntingdon, The History of the English People 1000-1154.* Oxford, 2002(1996).

C.Harper-Bill & E.van Houts ed., *A Companion to the Anglo-Norman World.* Woodbridge, 2002.

C.H.Haskins, *The Normans in European History.* New York, 1966(1915).

A.Petzold, *Romanesque Art.* London, 1995.

N.Pevsner, *The Buildings of England: North-East Norfolk and Norwich.* Harmondsworth, Middlesex, 1970(1962).

R.W.Southern, *The Making of the Middle Ages.* London, 1953.

K.Sugden, *Walking the Pilgrim Ways.* Newton Abbot, Devon, 1991.

H.Trevor-Roper, *The Rise of Christian Europe.* London, 1966 (1965).

E.van Houts trans., *The Normans in Europe.* Manchester, 2000.

D.Walker, *The Normans in Britain.* Oxford, 1995.

D.Webb, *Pilgrimage in Medieval England.* London, 2000.

G.Zarnecki, "Henry of Blois as a Patron of Sculpture" in S. Macready & F.H.Thompson ed., *Art and Patronage in the English Romanesque.* London, 1986. pp.159-172.

青山吉信『グラストンベリー修道院—歴史と伝説—』山川出版社, 1992.

青山吉信『聖遺物の世界—ヨーロッパ中世の心象風景—』山川出版社, 1999.

荒正人『ヴァイキング—世界史を変えた海の戦士—』中公新書, 1968.

朝倉文市『修道院—禁欲と観想の中世—』講談社現代新書, 1995.

R.H.C. デーヴィス, 柴田忠作訳『ノルマン人—その文明学的考察—』刀水書房, 1981.

C.H. ハスキンズ, 野口洋二訳『十二世紀ルネサンス』創文社, 1985.

伊東俊太郎『十二世紀ルネサンス—西欧世界へのアラビア文明の影響—』岩波セミナーブックス, 1993.

陣内秀信『南イタリアへ! 地中海都市と文化の旅』講談社現代新書, 1999.

J. リシャール, 宮松浩憲訳『十字軍の精神』法政大学出版会, 2004.

佐藤眞典『中世イタリア都市国家成立史研究』ミネルヴァ書房, 2001.

R.W. サザーン, 森岡敬一郎・池上忠弘訳『中世の形成』みすず書房, 1978.

高山博『中世地中海世界とシチリア王国』東京大学出版会, 1993.

高山博『神秘の中世王国—ヨーロッパ, ビザンツ, イスラム文化の十字路』東京大学出版会, 1995.

高山博『中世シチリア王国』講談社現代新書, 1999.

田中明彦『新しい中世—相互依存深まる世界システム—』日経ビジネス人文庫, 2003.

谷口幸男(文)・遠藤紀勝(写真)『ヴァイキングの世界』新潮社, 1986.

植島啓司『聖地の想像力—なぜ人は聖地をめざすのか—』集英社新書, 2000.

馬杉宗夫『大聖堂のコスモロジー—中世の聖なる空間を読む—』講談社現代新書, 1992.

渡辺昌美『巡礼の道—西ヨーロッパの歴史的景観—』中公新書, 1980.

渡辺昌美『中世の奇蹟と幻想』岩波新書, 1989.

山辺規子『ノルマン騎士の地中海興亡史』白水社, 1996.

山代宏道『ノルマン征服と中世イングランド教会』溪水社，1996.

山代宏道「ノルマン征服と異文化接触」『中世ヨーロッパに見る異文化接触』（原野昇ほか著，溪水社，2000) pp.85-125.

山代宏道「バイユー＝タペストリーにみる文化的多元性」『中世ヨーロッパ文化における多元性』（原野昇ほか著，溪水社，2002）pp.7-44.

山代宏道「ノルマン征服をめぐる「危機」の諸相」山代宏道編『危機をめぐる歴史学—西洋史の事例研究—』（刀水書房，2002）pp.209-227.

山代宏道「ノルマン征服と＜グローバリゼーション＞—教会改革運動と地域統合」『広島大学大学院文学研究科論集』62号（2002）pp.61-78.

山代宏道「中世イングランドの多文化共生—「グローバリズム」と「ローカリズム」—」『中世ヨーロッパと多文化共生』（原野昇ほか著，溪水社，2003）pp.7-42.

山代宏道「中世ヨーロッパにおける巡礼の旅—時空間移動の視点から—」『広島大学大学院文学研究科論集』63号（2003）pp.33-50.

旅と巡礼の表象
— フランス中世文学にみる —

原野　昇

　中世ヨーロッパの時空間移動の問題をフランス中世文学においてみるために，旅や巡礼が人びとによってどのようにイメージされ，どのような文学ジャンルにおいてどのように表現されているかを，いくつかの例をとおしてみていきたい。最初に『ロランの歌』をはじめとするシャンソン・ド・ジェストの起原と伝播に関して，巡礼が深く関与していることを確認し，次いで，未知の世界に対する好奇心が，空への飛行，海中への潜水という形で，歴史上偉業を成し遂げた人物に託して語られている様を『アレクサンドル物語』においてみる。最後に，ふたたび巡礼に目を向け，戯画の題材としても巡礼が取り上げられている様子を『シャルルマーニュの東方旅行』にみていく。これらをとおして，フランス中世文学において，時空間移動の問題がいかに多様に取り扱われているかを明らかにしたいと思う。

1　はじめに道ありき—シャンソン・ド・ジェストと巡礼

　フランス中世文学の傑作の一つ『ロランの歌』が書かれたのは，十字軍への熱狂が沸き起こった11世紀末ころと推定

されている。そのころはまた、サンチャゴ・デ・コンポステラを目ざすのを中心とする巡礼行がフランスじゅうで盛んであった時代でもある。『ロランの歌』の舞台はそれより約300年前の8世紀である。具体的には、778年に、スペイン遠征の帰路にあったシャルルマーニュの後衛部隊が、ピレネー山中のロンスヴォー峡谷でバスク（またはガスコン）人の急襲に会い、大打撃を受けたという史実を素材としている。作品中では、襲ったのは異教徒サラセン人となっており、全体がキリスト教世界擁護のために異教徒の大軍と勇敢に戦うシャルルマーニュの臣下たちの武功を讃える口調となっている。それも上記のような時代背景があるからである。

　それではその300年のいわば「空白」をどのように考えればいいのであろうか。300年前の悲劇的事件が人々にどのように記憶され、記録され、語り継がれ、あるいは思い起こされ、11世紀末の『ロランの歌』という作品に結晶したのか、すなわち『ロランの歌』をはじめとする武勲詩（シャンソン・ド・ジェスト）の起源の問題である。その一つの説として、19世紀フランス中世文学・文献学の泰斗ジョゼフ・ベディエ（1864-1938）によって主張されたのが、「はじめに巡礼路ありき」というイメージ豊かな表現で説明される「個人才能説」である。それはベディエの師ガストン・パリス（1839-1903）が主張したロマン主義的色彩の濃い「古歌謡説」への反論でもあり、また、後にベディエへの反論として出されたアルベール・ポーフィレのラテン語叙事詩起源説などと対立する考えでもある。

ガストン・パリスの「古歌謡説」というのは、ロンスヴォーの事件のような衝撃的な出来事は、その直後から、当事者の英雄的戦いぶりや悲劇的な死を歌い語った叙事的かつ叙情的な詩や歌謡を発生させたに違いない。それらが何世代にもわたって口承で伝えられていくうちに、一つの中心的テーマの周りに収斂されていき、11世紀末に現存の作品のような姿になった、というものである。その背景にはドイツ・ロマン主義的考えに立脚した、民族的「集団の英知」の考えがある。

それに対し、ベディエの「個人才能説」というのは、現存作品の起源はそれほど古くなく、『ロランの歌』のように一貫性のある、構成の整った、劇的・美的作品が生まれるには一人の有能な詩才が必要である。すなわち、『ロランの歌』は11世紀末の一人の大詩人の作であるというのである。その際に、その詩人が利用したのが、巡礼路沿いの各地に残る言い伝えである、とする。実際に、サンチャゴ・デ・コンポステラ巡礼路沿いの

（図版1）岩に斬りつけるロラン

各地に, 『ロランの歌』ゆかりの言い伝えが残っている。例えば, ロンスヴォーにはロランが剣で斬りつけてできたと言われる割れ目のある岩があり, ブライユには, 778年に倒れたシャルルマーニュの臣下たちのものと言われる墓があり, ボルドーのサン・スーラン教会には壊れたロランの角笛オリファンが残っている, といった具合である。

　シャンソン・ド・ジェストの起源に関しては, その後も多くの研究者が種々の見解を提案し, 今なお議論が続いており, フランス中世文学のなかの大きな問題である。ここで指摘しておきたいことは, ベディエの「個人才能説」が「はじめに巡礼路ありき」ということばで表現されるということである。それほど『ロランの歌』をはじめとするシャンソン・ド・ジェストが巡礼と密接な関係があるということである。当時教会は贖罪行為としての巡礼を勧めていた。その一つの巡礼地がサンチャゴ・デ・コンポステラである。サンチャゴというのはスペイン語でイヤゴ聖人のことであり, フランス語ではサン・ジャック, ラテン語では聖ヤコブである。スペインで布教したとされる聖ヤコブに対する崇敬がスペイン西北部で8世紀に起こり, 9世紀には他の地域へも拡散し, エルサレム, ローマと並ぶ三大巡礼地の一つとなっていったのである。それと並行して, 聖ヤコブのみでなく他の聖人についても, 各地の教会が, ゆかりの聖人にささげられた。例えば, 聖ジルに捧げられた南フランス, サン・ジルの教会, 聖ギヨームの遺骸がまつられているサン・ギエム修道院などである。また, アヴェロン県ロデース近くの山中にあるコンク

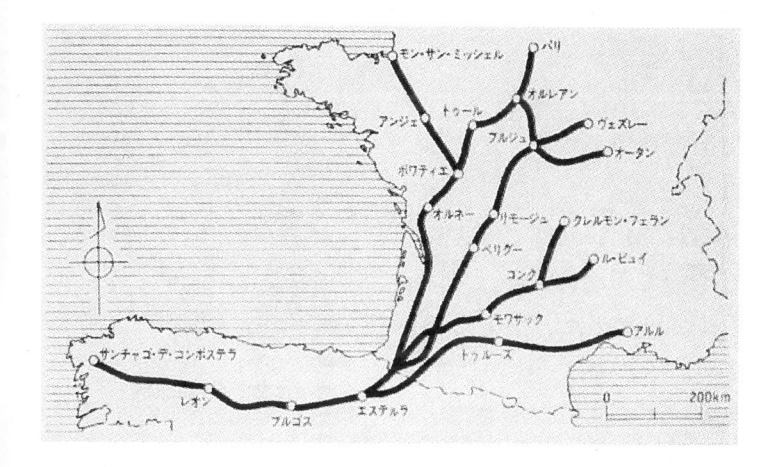

(図版2) サンチャゴ・デ・コンポステラへの巡礼路

のサント・フォア教会には，12歳で殉教した聖女フォアの遺骸がまつられている。それと同時に，聖人の遺骨や遺髪など，体の一部を崇敬する聖遺物崇拝も起こり，各地の教会は競ってそれらを手に入れ，人々を引きつける力としていた。そのために，それぞれの教会の縁起が説かれ，記録され，語られたのである。

　以上はシャンソン・ド・ジェストの起源に関するベディエ説を支える背景としての巡礼行および巡礼地の実態であるが，実はもう一つ別の面でも，シャンソン・ド・ジェストと巡礼とは深い関係がある。それはシャンソン・ド・ジェストの伝播の問題である。今日文学作品と言えば書物が想起され，読書，すなわち室内における個人の黙読による鑑賞形態が普通である。しかし，シャンソン・ド・ジェストはテクストを丸

暗記したジョングルールと呼ばれる語り手によって朗誦され，詩節と詩節の間や詩節の途中でヴィエルと呼ばれる弦楽器の演奏も加えられて，いわば上演されたものである。シャンソン「歌」と呼ばれるゆえんである。それでは一体どこで，誰に，どのような機会に上演されたのであろうか。これには，室内，屋外で，王侯貴顕，一般庶民を相手に，などさまざまなケースがあったと考えられている。例えば，宮廷で結婚式などさまざまな機会に催される宴会の余興に，市場や教会前の広場でそこに集まって来た人たちに，あるいは戦いの最中の野営地で夜兵士たちを前にして，などであったであろう。そのなかの一つとして，巡礼路沿いの宿で巡礼者たちを相手にも演じられたであろうと推定されている。巡礼者は昼間歩き続け，夜は宿をとら

（図版3）ジョングルール

（図版4）楽器演奏者

旅と巡礼の表象　53

ねばならない。町や村の教会堂があれば、そこで休むこともあったであろうが、それが見つからない場合には、畑の中の作業小屋のような場所で、野宿に近いこともあったであろう。後にはクリュニー会をはじめとする各派修道会が、修道院の支院や救護所を巡礼路沿いに設けて、巡礼者の保護や支援を行った。そのような宿において、司祭や修道士たちから、泊まっている教会や修道院の守護神となっている聖人の伝記や聖遺物の話など、その教会や修道院の縁起についても聞かされたであろう。先に紹介したコンクの教会では聖女フォアの遺骸が宝物であるが、彼女の生涯を歌った『聖女フォアの歌』という作品が残っている。さらには、異教徒と戦うシャルルマーニュの武勲などを歌ったシャンソン・ド・ジェストも聞かされたのではないかと思われる。そこでは、イスラム教化された地を再びキリスト教世界に取り戻すレコンキスタの闘士として、シャルルマーニュもさながら聖人の一人のように扱われたかも知れない。

このように、中世フランス文学はその初期からして、聖人・聖遺物崇敬やその一形態とも言える巡礼と非常に深い関係があったと言うことができよう。

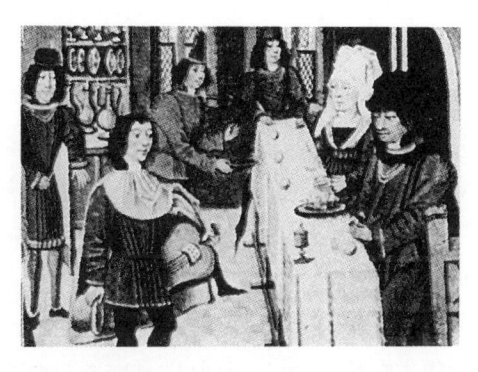

(図版 5) 貴族の館に招かれたジョングルール

2　空を飛ぶアレクサンダー大王—物語のなかの時空間世界

　日常生活を営む場所を離れて、それとは異なった場所へ移動するように人々を動かす要因の一つに、日常生活の場では見たり聞いたりすることができないことを体験してみたいという欲求がある。さまざまな情報から得られた知識をわがものにしたいという欲求であり、未だ知識も情報も得られていない未知の世界へ身を置いてみたいという冒険心でもある。フランス中世文学のなかに、次のような作品がある。

　大工を呼んで鳥かごのような小さな小屋を作らせ、それを網にくくりつけ、羊一頭を軽々と持ち上げる猛禽類の鳥7・8羽を捕まえ、その足に紐をつけ、それを上述の網の端に結び付けた。中に入った男は長い槍の先端に肉片を突き刺し、それを空中高く持ち上げた。腹を空かせた鳥たちは、その肉目ざしていっせいに飛び立った。そのとたんに小屋もふわりふわりと空中高く舞い上がり、中の男は空中旅行。雨を降らす雲とはいったいいかなるものかと、これを間近かに見て、さらに上っていく。これ以上上昇すると、太陽に近づき過ぎて危険だと考えた男は槍先を下側に回す。すると鳥たちは槍先の肉片目がけてぐんぐん下降し、小屋とともに地上に降り立った。かくして中の男は空中旅行を無事に終えた。

　この男は、それ以前に、海底旅行も経験していた。ガラス職人を呼んで、中に人間が三人入れるくらいの大きさのガラスの箱を作らせ、入り口の隙間を鉛で封印させ、箱の頂上には頑丈な輪をつけ、それに長い鎖をつけさせた。そのガラス

箱を船で沖まで運ばせ、海中深く沈めてもらった。ガラス箱の中にはランプが明々と灯り、箱の周りを照らすので、大小さまざまな魚が目の前で観察できた。大きい魚が小さい魚を餌食にする様など、魚の生態を心ゆくまで観察した男は、海上の家来に合図を送り、鎖を巻き上げて、ガラス箱を船上まで引き上げてもらい、中から自分の手でガラスを割って、海底探索を成し遂げた満足感にみちた顔をして出てきた。

この男とはアレクサンドル（＝アレキサンダー＝アレキサンドロス）大王のことであり、上記はフランス中世に書かれた『アレクサンドル大王物語』の内容の一部である。アレクサンドルと言えば、紀元前4世紀（前356〜323）に活躍したマケドニアの王であり、20歳で権力の座につき、ギリシア、ペルシア、シリア、エジプトを征服し、インドのガンジス川流域にまで攻め入ってバビロニアに凱旋し、33歳で没した、かの有名な大王のことである。その伝記や遠征記は古代を越えて中世においても語り継がれていたが、12世紀初頭には、当時の俗語であるフランス語（古フランス語）で書かれ

(図版6) 空を飛ぶアレクサンドル

た『アレクサンドル大王物語』が出現した。その中に上記の一節が含まれているのである。

　上で紹介した二つのエピソードは事実に基づくものではなく，単なる空想上の作り話であるということは言うまでもないが，それらがアレクサンドルの誕生から死までを史実に即して述べた『アレクサンドル大王物語』の中に挿入されているのである。すなわち，第一部，アレクサンドルの幼少時代，第二部，ダリウス征伐，第三部，東方世界の不思議，第四部アレクサンドルの死，のなかの第三部に含まれている。第三部は全体（15,328 行）の半分以上（7,839 行）の分量を占めており，主として東方への遠征，征服の事蹟が語られている。第三部全 457 節のうち，冒頭近く，18 ～ 29 節で海底旅行が語られ，274 ～ 282 節で空中旅行が語られている。これら二つのエピソードで挟まれた 30 ～ 273 節では，インドへの遠征，すなわち未知の世界の征服による，既知の世界の平面的拡大が語られている。言い換えれば，未知の世界の平面的征服の前後に，それを挟むようにして，未知の世界への垂直的冒険，想像上の世界の垂直的拡大が配されているということになる。

　未知の世界の平面的な征服は，東（アジア）と南（アフリカ）に向かっている。そこでは地中海を中心として，ヨーロッパが基準点となっている。いわばヨーロッパ中心の世界認識である。すなわち，基準点である「ここ」は文明化された既知の世界であり，真実，正義，美の基準をなす地である。それに対し，「あそこ」は「ここ」以外のその他の世界であ

り，神秘的な未知の世界，渾沌とみなされている。このような考えは非常に中世的な世界観であるが，同時に，「今・ここ」という唯一の視点の中に全世界，全宇宙，全歴史を捉え切ってしまいたいというやみがたい衝動は，古今東西を問わず人類の太古から今日にいたるまでみられる普遍的な欲求でもある。

空中旅行のエピソードでは，天空に上って，雨を降らす雲はどうなっているのか，星はどのように配置されているのかをこの目で見てみたいと，天空への知識欲，征服欲がアレクサンドル自身の口から表明されている。

海底旅行では，弱肉強食の魚の世界を目の当たりにしたアレクサンドルが，そこから人間世界への教訓を引き出しており，いわばアレゴリー的役割がエピソードに付与されている。

すべてを知りたいという強烈な知識欲の持ち主アレクサンドルは，自然界の謎の解明，未踏の地，危険な地，見知らぬ地への果敢な挑戦によって，世界の果てを後退させ，ついには，地上を歩行するという人間の条件をさえ乗り越えようとする。それが海底旅行であり空中旅行である。両エピソードとも，アレクサンドルによる世界征服という偉大な事蹟を強調するために付け加えられたもので，古代の版にもすでに両エピソードへの言及があるものがある。例えば，伝カリステネス『アレクサンドロス大王物語』（橋本隆夫訳，国文社，144-145，152-153 ページ）などである。しかし，フランス中世の『アレクサンドル大王物語』においては，古代のテク

ストを参照にしつつも，中世的なアレンジがほどこされている。例えば，空中旅行においては，「雨を降らす雲とはいったいいかなるものかを知るため」という，古代の版にはなかった飛行の目的が示されているし，海底旅行においても，中世の版に言及のある魚の生態観察の詳細は，古代の版にはなかったものである。このようなアレクサンドル像は，実は中世的色彩を付与されたものである。裏を返せば，中世人の好奇心，未知の空間掌握への欲求が，半ば歴史上の，半ば架空の人物としてのアレクサンドル像をとおして表現されていると考えてよかろう。

知の転移

　12世紀になって，騎士を中心とする宮廷社会が安定し発展した。それにともない，ラテン語が読めない者のためにフランス語による著作が増大した。これより少し前から始まっていたフランス語による文学活動は，聖人の伝記にまずその素材を求め，次いで，封建社会創成期のキリスト教戦士たちの事蹟を歌ったシャンソン・ド・ジェストが生まれた。12世紀になると，古代のテクストをフランス語に置きなおすこと mise en roman，すなわち翻訳，翻案も行われるようになってきた。その背景には「知の転移」，すなわち人類の知の中心は東から西へ移ってきている，という考え方がある。多くのギリシア語の著作がラテン語に移されたように，今度はラテン語の著作をフランス語に移さなければならないとする考えである。そうしてフランス語の『テーベ物語』(1150頃)，

『エネアス物語』（1160頃），『トロイ物語』（1165頃）など古代ものと呼ばれる作品が生まれた。それらはスタチウスの『テーバイ攻め』，ウェルギリウスの『アエネーイス』，ダーレスの『トロイ陥落』とディクティスの『トロイ戦争日誌』などを基にしており，舞台や登場人物は古代のままでありながら，城などの造り，戦士の身につけている武具甲冑は中世のものである。また登場人物の行動様式も，中世風にアレンジされている。したがって，古代の原典とフランス中世の翻案作品とを比較すると，フランス中世人の考え方がみえてくる場合がある。そのような古代もののうちで最初に現れたのが『アレクサンドル大王物語』である。

『アレクサンドル大王物語』は大成功の作品であった。その読者対象は，直接的には知識階級である聖職者であり，間接的にはその聖職者から話を聞いた信徒たちであった。見ようによっては神への挑戦も含まれているともとれるこの作品は，聖職者にとって，束の間のひそかな気晴らしであったのであろう。

中世的色彩

歴史上，世界征服を成し遂げた人物としてアレクサンドルは，叙事詩で扱う英雄として申し分のない素材である。中世においては，征服への野望，権力欲，知識欲をさらに強調し，叙事詩よりは空想的物語としての色彩が濃い作品となっている。空想（ファンタスティク）は，事実と虚偽の中間に

位置するとされるが,『アレクサンドル大王物語』の中の空想的な冒険は,単なる奇想天外な絵空事ではなく,それなりに理路整然とした,いわば中世のサイエンス・フィクションとなっている。例えば空中旅行に関して言えば,腕のいい大工にできるだけ軽い小屋を造作させ,それを網に取り付けさせているが,網は空気の抵抗が少なく,かつ数羽の鳥が羽ばたいていくのにも柔軟に対応できるであろう。羊一頭を運び去るくらいの力をもった鳥を7・8羽集めて,それぞれに同一物の一部を負担させれば,相当重い物体をも持ち上げることができるであろうと考えている。すなわち一羽ずつの力を合力させて,一つの大きな力(揚力)を得ているのである。その他細かな点で言えば,猛禽をおびき寄せるのに,(動物の)生の皮を付けさせているし,鳥を捕まえる際には,自分の腕を食われないように手袋(おそらく革製の丈夫なもの)をはめている。

　海底旅行でも同様な指摘ができる。深海は光がなく暗闇だと知っており,その対策としてランプを装備させていることなどである。また古代の版にあった「壺の底には人間の手が出はいりできるだけの穴をあけさせました。さらに,壺の底の穴はその内側から閉じることができるように作らせたのです。こうすれば,底にもぐるとすぐに,その穴をあけ,そこから手を引き出し,近くの砂から,このような海底にあるものをつかむと,手をまた引っこめてただちにその穴をふさいでしまうことができます。」(前掲書,144ページ)という箇所は削除されている。海底にあって,水が入り込むことなく

手を出したり入れたりすることは不可能だと判断されたからであろう。ただし，人間が生きていくには新鮮な空気（酸素）が必要だという知識は持ち合わせていなかったかも知れない。もっとも，この海底旅行が短時間のうちに，すなわち酸素がなくなる前に遂行されたとすれば，このままの設定でも不可能な話ではない。その他，重い物の上げ下ろしに鎖を巻き上げたり緩めたりするのは，中世の城や教会を建築する際に，重い石材を積み上げていくのにも用いられていた。

このように，物語の中のアレクサンドルは知的冒険家であり，最新技術の実験家かつパイオニアでもある。これも中世的色彩と考えてよかろう。

三界と四要素

未知の空間への冒険が，地上での平面的拡大と，海底と天空への垂直的拡大であることを先にみた。これは同時に，大地，海，空という三つの世界，およびそこに住む地上の生き物（動物，植物），海中の生物（魚），空中の生物（鳥）への興味・関心でもある。

また，三界を構成する土，水，空気という三大基本要素，さらに太陽の熱への言及を火と考えれば四大基本要素が揃っており，空間征服が，それぞれの空間の構成要素とその本質およびそこに生活する生き物をも含めた空間掌握として考えられていると言ってよかろう。

物語の誕生

古代ものは，上記のように，古代のラテン語作品を12世紀フランスの人々に受け入れられるような形に翻案されたものであると同時に，それに続くクレチャン・ド・トロワの諸作品に代表されるような宮廷風騎士道物語のさきがけとなった。「物語」と訳されている原語の roman という語はもともと，「(ラテン語ではなく) 俗語のロマン語 (当時のフランス語のこと) で書かれた作品」という意味であった。ところが，ラテン語からロマン語に移された作品やロマン語で創作された作品には，歴史書や叙事詩などとは異なって，作りごとや不思議なこと (驚異) が多く盛り込まれ，虚構性が増していった結果，この語 roman は使用されている言語のことだけでなく，その内容をも意味するようになった。ちなみに，この同じ語 roman が近代になっては「小説」を意味するようになり，現代に至っている。

『アレクサンドル大王物語』は，その内容を上で紹介したように，基本的には叙事詩的色彩が濃いものでありながら，遠征旅行にともなう時空間世界の拡大にしたがって，百科知識の増大と同時に空想的，非現実的な要素も多分に盛り込まれている。例えば，先の海底旅行，空中旅行のエピソード以外にも，若返りの泉や花乙女などのような，さまざまな空想的エピソードが数多く含まれている。題名 *Le Roman d'Alexandre* に見られる roman という語は，まさにその初期の意味「ロマン語で書かれた作品」と後の意味「虚構性に富

んだ波瀾万丈の話」の両方の意味を合わせもっていると言ってよかろう。

そのような性格の作品である『アレクサンドル大王物語』の中にみられる二つのエピソード,「アレクサンドルの海底旅行」と「アレクサンドルの空中旅行」は, 12世紀初頭の人々の空間把握の一端を表わしているのではなかろうか。大地に足をつけた平面的な空間以外にも, 海の中, 空の上という空間にも思いをめぐらせていたのである。特に天空に関しては, 太陽や月の運行, 星や星座の動きが, 日々の昼と夜や暦, 季節のめぐり, すなわち時間経過と結びつけられ, 経験によって得られた知識や聖職者・知識人によって教えられた知識との関連で, 興味・関心が高かったと思われる。

3 『シャルルマーニュの東方旅行』——パロディと笑い

文学が旅や巡礼をテーマにとりあげる場合, 現実社会の現象に基づくもの, 想像力をめぐらせたもの以外に, それらを素材として, 笑いを誘うという, 一種の娯楽性を強めたものもある。

『シャルルマーニュの東方旅行』という作品がある。創作年代に関して, 以前は11世紀末とする意見が優勢を占めていたが, 今日では12世紀中ごろ, 第2回十字軍の後の作とされている。そのあらすじは以下のようなものである。

シャルルマーニュが妃から, 自分よりももっと偉大な王が

いると揶揄されて，ロラン，オリヴィエ以下の12臣将をはじめとする部下とともに旅に出る。以下前半はエルサレムまでの巡礼行，後半は，エルサレムからコンスタンチノープルまでの旅とコンスタンチノープルでの出来事となっている。

　一行は杖と頭陀袋を持った巡礼者姿でパリを出発，エルサレムに到着し，聖墳墓教会に入り，種々の聖遺物を拝領する。シャルルマーニュは町に聖母マリア教会を建設するが，妃の言ったことを思い出し，自分より偉大だと言われる王をこの目で確かめるために，エルサレムを出発し，コンスタンチノープルに到着する。一行はユゴン王に招かれ，王の宮殿で歓待されて寝室に入るが，ぶどう酒を飲み過ぎたため，ほら吹き合戦を始める。ロランのほらは，角笛を吹いて，町の城壁をことごとく吹き飛ばす，というものであり，オリヴィエのそれは，ユゴン王の娘と一晩に100回交わる，というものである。こういった調子で，12臣将が次々と自慢の駄ぼらを吹く。一部始終を蔭で聞いていたユゴン王の家来が王に報告すると，王は立腹し，客人をとがめる。シャルルマーニュは詫びるが，ほらのいくつかが奇蹟によって実現したので，ユゴン王も納得し，二人は和解する。

　この作品は一行12音綴，母音押韻の54詩節，合計870行からなり，形式的にはシャンソン・ド・ジェストの詩型であるところから，シャンソン・ド・ジェストに分類されることも多いが，上のあらすじからも明らかなように，内容的にはむしろ笑いの文学である。

　しかし，前半のエルサレム巡礼行の部分と，後半のコンス

タンチノープルでのほら吹き合戦の部分とでは、かなり雰囲気が異なっている。そこでこの作品をどう呼べばいいか、研究者の意見は分かれている。シャルルマーニュの行動は巡礼行であろうか、それとも遠征、あるいは旅行だろうか。行き先はエルサレムとしていいか、それともエルサレムとコンスタンチノープルとすべきか、あるいはまとめて「東方」とするか。シャンソン・ド・ジェストの一つとして「～の歌」するか否か。さまざまな題名が提案されている。それらは次のようなものである。

『シャルルマーニュの巡礼』*Pèlerinage de Charlemagne*
『シャルルマーニュのエルサレム巡礼』*Pèlerinage de Charlemagne à Jerusalem*
『シャルルマーニュの巡礼の歌』*Chanson du Pèlerinage de Charlemagne*
『シャルルマーニュの旅行』*Voyage de Charlemagne*
『シャルルマーニュのエルサレムとコンスタンチノープル旅行』
　　Voyage de Charlemagne à Jerusalem et à Constantinople
『シャルルマーニュの東方旅行』*Voyage de Charlemagne en Orient*

それでは写本ではどうなっているのだろうか。実はこの作品を伝える唯一の写本は大英図書館に1879年までは存在していたが、その年に逸失して以来、今日まで見つかっていない。それで今日では、直接写本にあたって確かめることができない。たまたまその写本の逸失以前にコシュヴィッツが校

訂し，校訂本を逸失と同じ1879年に刊行していたので，幸運にもこの作品を今日でも鑑賞することができるのである。コシュヴィッツの校訂本によると，この作品は次のような見出しで始まっていたようである。「ここから，フランスのシャルルがどのようにしてエルサレムへ行ったか，またどのようにして妃の言った言葉が原因でユゴン王に会うためにコンスタンチノープルまで行ったか，についての書が始まる」このように，中世の写本には作品の題名が書いてなく，(朱) 見出しの言葉だけで始まっているものが多い。そこから，上記のような研究者による便宜的な題名が提案されているわけである。

確かに巡礼行的要素がこの作品の中では，特にその前半部において，多く認められる。例えば，以下のような記述がみられる。

> 王は言いました。「皆の者，よく聞いてくれ。
> 神のみ旨に添うなら，遠い国，主なる神の地
> エルサレムに行って，
> 十字架と聖墳墓を崇めてきたいと思う。
> わしはそのような夢を三度見た。それでぜひとも行かねばならない。
> (67-71行)

> 彼らは楯も槍も鋭い剣も持たず，
> とねりこの棒の先に鉄をはめ，頭陀袋を結び付けた杖を持ちました。
> (79-80行)

> さらに森や林を越え，ギリシアに入り，
> 山や丘を越えてルーマニアに至り，
> さらに拍車をかけて，神が殉教者を受け入れられた地
> 古代都市エルサレムが見えてきました。
> 空はよく晴れわたっていました。宿を確保し，
> 教会に行き，捧げ物をしました。
> そして心気高き一行は宿へと引き返しました。（105-111 行）

そして一行は聖墳墓教会で聖遺物を所望し，多くの聖遺物を拝領している。

> 皇帝答えて，「神の恵にかけて感謝します。
> 何とぞ聖遺物をお恵みください。
> フランスに持ち帰り崇めたいと思います」
> 族長は答えます。「いくらでも差しあげよう。
> 聖シメオンの腕を今すぐあげよう。
> 聖ラザロの頭を持ち帰りなさい。
> 神のために殉教した聖エチエンヌの血も持って行きなさい」
> （159-165 行）

そのほかにも，聖骸布，イエスの足にあった釘，頭に戴いていた冠，銀の聖盃，イエスが食卓で使用したナイフ，聖ペテロの髭と髪の毛，乳を与えた聖母マリアの乳と幼子に着せていた服なども拝領している。（167-191 行）

またそれらの聖遺物は霊験あらたかで、肢体不自由な者がすっかり元気になって立ち上がるなど、さまざまな奇蹟を起こす。(191-197行)

さらにシャルルマーニュの一行は、エルサレムの町に聖母マリア教会の建設も行っている。(207行)このように、シャルルマーニュ一行の旅について、その装備、行動などにおいて、巡礼行のような描写が、少なくとも前半部には多くみられる。

しかし、この作品の魅力は何といっても、コンスタンチノープル宮殿内におけるシャルルマーニュ以下12臣将のほら吹き合戦にある。分量的にも、全870行のうち、エルサレムへの旅とそこでの滞在に232行があてられているのに対し、残る638行はコンスタンチノープルの場面である。

この作品は『ロランの歌』と同様に、シャルルマーニュおよび12臣将をはじめとするシャルルマーニュ軍の遠征を歌ったものでありながら、その内容は上記のように『ロランの歌』とは似ても似つかないものである。むしろ『ロランの歌』のパロディとみなすことができるのではないだろうか。『ロランの歌』は西方、スペインへの遠征であるのに対し、この作品は東方への旅である。『ロランの歌』では12臣将一人ひとりの戦いぶりが描かれているのに対し、この作品では12臣将が一人ずつほら吹きを始めている。またそのほらにも『ロランの歌』を意識している面が伺える。例えばロランのほらは角笛に関するものであるが、『ロランの歌』においてロランと角笛とは切っても切り離せない関係にあることは言うま

でもない。

　シャルルマーニュがエルサレム巡礼に出かけたという記録はないが，注目すべきは，シャルルマーニュがエルサレム巡礼に出かけたという内容が，ある作者において構想され，ある作品の中で語られているという事実である。その背景にはまず，社会において巡礼という行いがそれほどまでに浸透しており，したがって巡礼をテーマとすること，なかんずく国の最高位にあったシャルルマーニュでさえもが巡礼に出かけたとすることが，時代的隔たりは別として，12世紀当時の読者（聴衆）に受け入れられると考えられた，ということが想定される。

　その上で，その巡礼のテーマをまじめに取り扱わず，作品後半にみられるほら吹き合戦，すなわち笑いの文学の素材へと転換してしまっていることの意味は，さらに考察されてしかるべきであろう。

　しかし，その点についてはここでこれ以上深入りしないが，狐ルナールを主人公にした動物叙事詩と呼ばれる，笑いを旨とした『狐物語』にも，「狐ルナールのローマ巡礼」という枝篇（第8枝篇，1190年頃）があるということだけを指摘しておく。

図版

1 シャルトルのカテドラルのステンドグラス。Henry Adams, *Mont-Saint-Michel and Chartres*, New York (Gallery Books), 1980, p.103 より。
2 馬杉宗夫『ロマネスクの旅』p.58 より。
3 Susanne Comte, *La Vie en France au Moyen âge*, Milan (Minerva), 1978-81, p.91 より。
4 Susanne Comte, *La Vie en France au Moyen âge*, Milan (Minerva), 1978-81, p.91 より。
5 Susanne Comte, *La Vie en France au Moyen âge*, Milan (Minerva), 1978-81, p89 より。
6 Oxford, Bodleian, 264, fo.81. Laurence Harf-Lancner, *Le Roman d'Alexandre*, Le Livre de Poche (Lettres gothiques), 1994 より。

参考文献

『フランス中世文学集1―信仰と愛と』(白水社) 1990.
『フランス中世文学集2―愛と剣と』(白水社) 1991.
『フランス中世文学集3―笑いと愛と』(白水社) 1991.
『フランス中世文学集4―奇蹟と愛と』(白水社) 1996.
『ロランの歌』有永弘人訳 (岩波文庫) 昭和40.

『ローランの歌・狐物語』（筑摩書房「筑摩文庫」）1986.

『エネアス物語』原野昇ほか訳（渓水社）2000.

『獅子の騎士』菊地淑子訳（平凡社）1994.

『十二の恋の物語』月村辰雄訳（岩波文庫）1988.

ベディエ編『トリスタン・イズー物語』佐藤輝夫訳（岩波文庫）昭和 28.

『聖杯の探索』天沢退二郎訳（人文書院）1994.

『薔薇物語』篠田勝英訳（平凡社）1996.

『狐物語』鈴木覺, 福本直之, 原野昇訳（岩波文庫）2002.

『狐物語』鈴木覺, 福本直之, 原野昇訳（白水社）1994.

『ファブリオ―中世フランス風流譚』森本英夫訳（東洋文化社）昭和 55.

『フランス中世艶笑譚』森本英夫編訳（社会思想社「教養文庫」）昭和 59.

『フランス中世処世譚』森本英夫編訳（社会思想社「教養文庫」）昭和 60.

『フランス中世滑稽譚』森本・西沢訳（社会思想社「教養文庫」）昭和 63.

『コンスタンチノープル征服記』伊藤敏樹訳（筑摩書房）1988.

『コンスタンチノープル遠征記』伊藤敏樹訳（筑摩書房）1995.

『聖ブランダンの航海』松村剛訳『外国語学科研究』39-2(1991), pp.1-84.

杉冨士雄『聖女フォアの歌』新東京書房, 1966.

Gérard Moignet (éd.), *La Chanson de Roland*, Bordas, 1969.

Laurence Harf-Lancner (éd.), *Le Roman d'Alexandre*, Le Livre de Poche (Lettres gothiques), 1994.

Paul Aebischer (éd.), *Le Voyage de Charlemagne à Jerusalem et à Constantinople*, Genève (Droz) -Paris (Minard) 1965.

中世ドイツ文学にみる旅

― 騎士宮廷叙事詩と＜冒険＞ ―

四反田　想

はじめに

　この章では，ドイツ盛期中世の世俗文学テクストから幾つかの具体例を挙げながら，中世ドイツ語圏文学に見られる「旅」と「冒険」の諸相を解明する。同時に，中世ドイツにおける時空間移動の意味を，中世ドイツの文学的虚構テクストの構造の分析を通じて，文学的虚構と史的現実を対比しながら考察することを試みる。また，最後に現代ドイツ語圏の文化現象と関連付けて，ヨーロッパ中世文化における「旅」と「冒険」の意味を探りたい。

1　盛期中世ドイツ文学における「旅」と「冒険」

ドイツ語圏における「騎士宮廷」叙事詩

　12世紀後半，正確には1170年から1230年にかけてのドイツ中世宮廷文学は，「シュタウフェン朝 (die Staufer) の宮廷騎士文学」と呼ばれている。平信徒の貴族・騎士階級によるドイツ民衆語文学が，聖職者の中世ラテン語文学に並ぶ地位を獲得した時期でもある。しかし，この時期はシュタウフェン朝の崩壊過程とも重なっている。1197年のハインリヒ4世 Heinrich IV の死後，1198年から1215年までの時期

には，神聖ローマ帝国の分権主義的権力統治が強まり，イタリアにおける皇帝政治の失敗が顕在化する。当時の「帝国」思想と表面上の宮廷的調和がシュタウフェン朝宮廷騎士文学全体に影響を与え，現実と虚構に見られる危機的徴候は希薄化する。(Weddige 1997:S.187ff.) シュタウフェン朝宮廷文学では，封建社会の現実から派生した意識が記述され，教会への奉仕という目的から離れる。「初めて貴族の平信徒層が文化の担い手として登場し，その際彼らは自律的なイデオロギーを発展させ，新たな詩的形象・思想言語において彼ら独自の世俗性の側に立ち，まさに自らを祝祭の高揚した感情の中で祝うのである。」(Bumke 1967:S.19)

ドイツ語圏における「アーサー王物語」素材

中世の「アーサー王物語」と聞くと，まずアングロ＝サクソン系の中世騎士物語を想像されるかもしれない。マックス・ヴェーリ Max Wehrli がその中世ドイツ文学史 (1997) の中で主張しているように，12世紀のヨーロッパ宮廷文学に登場した新しいジャンル Gattung と理解できるだろう (Wehrli 1997: S.272ff.)。

いわゆる「アーサー王物語」やアーサー王伝説は，主としてフランスの宮廷文化・文学を介して中世ドイツ文学に流入してきたと言われている。1170年以降，ドイツのライン，テューリンゲン地方の宮廷では，ローマ（古典古代），フランス（ロマンス語文化圏），ブルターニュ（ケルト文化圏）各文化圏の素材に基づく恋愛抒情詩，宮廷叙事詩が受容されるようになった。3つの伝説圏のうちのケルト伝説素材群に基づいているのが，アーサー王物語素材群と言える。

さて、中世ドイツでは、最も初期にハルトマン・フォン・アウエ Hartmann von Aue によって、「アーサー王物語」素材が受容された。その作品は、『エーレク』„Erec"(1180-1185年)及び『イーヴェイン』„Iwein"(1200/1205年)である。その古フランス語原典は、クレティアン・ドゥ・トロワ Chrétien de Troyes(1135-1188)の『エーレクとエニード』„Erec et Enide"(1165/70)及び „Yvain"『イーヴェイン』(1177-81)とされている。クレティアンは、これ以外に、3つの「アーサー王物語」„Cligès"『クリジェ』(1170-76), „Lancelot"『ランスロ』(1177-81), „Yvain"『イーヴェイン』(1177-81), „Perceval"『パルスヴァル、聖杯物語』(1181-90)を残している。

「アーサー王物語」に登場するアーサー Artus 王の歴史上のモデルは、紀元6世紀前半、ヨーロッパ大陸、特に現在の北ドイツから侵入してきたアングロ人、ザクセン人に対して戦ったケルト系のブリタニア人の将軍・指導者 Artorius であると言われている。ブリテン人歴史家ジェフリー・オヴ・モンマス Geoffrey of Monmouth は、1136年に完結したラテン語の『ブリタニア列王史』„Historia Regnum Britaniae" において、今日の「アーサー王物語」素材の原型を形作り、それまで口承文芸の形で伝承されていた地域的なケルト人英雄の名声を確立した。

また、この作品は、ワース Maistre Wace によって古フランス語韻文叙事詩『ブリュ物語』„Roman de Brut"(1155年)に翻訳され、そこで宮廷・騎士的題材へと変形された。アンジュ・プランタジュネットのヘンリー（アンリ）2世とその妃エレオノーレ・ダキテーヌ Eleonores von Aquitanien の関与によって、アーサー王物語伝承の普及が進められた。「ブル

ターニュ素材」では，ケルト人王家の後継者としてノルマン人王家が描写されており，王朝の正統化という政治的な意図も見られる。他方では，歴史的アーサー王伝説に結び付いたメールヒェン的要素が多く見られる。即ち，題材・モティーフ的には，主人公は好意的な援助者や，小人や巨人といった悪意に満ちた敵対者に出会い，徳と勇敢さの試練に耐え抜き，解放のモティーフが中心的な役割を果たしており，また贈与や探求も行われている。(Weddige, Hilkert: S.194) ここでは主人公に対する援助者，敵対者の存在,「探求」「贈与」「解放」が主要なテーマとなっているが，これらはメールヒェン等の民衆口承文芸のレパートリーに典型的な特徴である。これはロシアの構造主義者プロップ Propp の『民話の形態学』における「モティーフ素」の考え方に一致する。因みに，プロップは物語の登場人物の行為を「機能」と捉えたが，それはモティーフ素とも言われる，物語構造の最小構成要素を意味している。

　また，ケルト人，更にはブリテンの原住民ピクト人の伝説に遡れるとされるトリスタン伝説素材は，古フランス語トリスタン物語であるトマ Thomas の『トリスタン物語断片』„Les Fragments du Roman de Tristan"(1175) やトーマス・マロリー Sir Thomas Malory の „Le Morte Darthur"(1469-1470) において密接に「アーサー王物語」伝説素材，特にアーサー王宮廷とランスロット素材と関連付けられているが，本来的には別起源の伝説素材とされている。13世紀初頭に成立したドイツ中世文学宮廷叙事詩であるゴットフリート・フォン・シュトラースブルク Gottfried von Straßburg の『トリスタン』„Tristan"では，アーサー王の名前は2回挙げられ

ているだけで、アーサー王や彼の円卓の騎士たちにも物語の筋の機能が与えられておらず、今日の研究では『トリスタン』はアーサー王物語のジャンルには含められていない。(Gottzmann: S.1f.) 従って、トリスタン伝説素材についての詳細は、次の機会に譲りたい。また、その他のドイツ・アーサー王物語としては、特にヴォルフラム・フォン・エッシェンバッハ Wolfram von Eschenbach 作「パルツィヴァール」„Parzival"が挙げられる。この物語は、先に述べたクレティアン・ドゥ・トロワ Chrétien de Troyes の„Perceval"「パルスヴァル、聖杯物語」を原典としながらも、作者独自の語り要素や物語構成が強められている。また、「散文ランツェレット」„Prosa-Lancelot"は、1215 － 1230 年頃に成立し中世ヨーロッパにおいてアーサー王物語素材の流布に非常に大きな役割を果たした古フランス語の「ランスロー聖杯作品群」Lancelot-Graal-Zyklus からの 13 世紀の翻案とされている。

ドイツ中世アーサー王物語 (Artusepik) に見られる旅と冒険の意味

ハルトマン・フォン・アウエが、1180 年頃フランス・アーサー王物語の最初の伝播となる作品「エーレク」„Erec"を完成してから約 20 数年後、「イーヴェイン」„Iwein"を執筆する。古典的アーサー王叙事詩「イーヴェイン」は、次のように展開する。主人公である円卓の騎士イーヴェインは、泉の国でその国の王と戦って敗れたカーログレナントの復讐のために泉の国に冒険の旅に出かける。そこでアスカローン王との戦いに勝利し、その後未亡人となった王妃ラウディー

ネと結婚し，国王となる。最初の遠征âventiure での成功の後，アーサー王と円卓の騎士たちに再会する。その際，幸福に溺れて堕落しないようにとの円卓の騎士ガーヴェインの勧めにより，王妃ラウディーネに一年の暇を貰い，騎士の旅に出る。しかし，イーヴェインは約束の日時に帰国せず，王妃から不実が咎められ，悲しみのため発狂した後，再び立証と浄化の旅âventiure に出る。騎士との戦いや人質の解放行為により，最後に王妃ラウディーネと和解する。個としての騎士とアーサー王宮廷や泉の国という共同体との関係性の克服が中心テーマとなっている。

『イーヴェイン』„Iwein"の冒頭には，主人公イーヴェインの親戚にあたる円卓の騎士カーログレナントが,「不思議な泉」の国で，自らの受けた恥辱を語る場面がある。

524 ich sprach 'ich wil dich wizzen lân,
 ich suche âventiure.'
 dô sprach der ungehiure
 'âventiure? waz ist daz?'
 ,daz wil ich dir bescheiden baz.
 nû sich wie ich gewâfent bin:
530 ich heize ein riter und hân den sin
 daz ich suochende rîte
 einen man, der mit mir strîte,
 der gewâfent sî als ich.
 daz prîset in, nd sleht er mich:
535 gesige aber ich im an,
 sô hat man mich vür einen man,
 und wirde werder danne ich sî.
 sî dir nu nâhen ode bî
 kund umb selhe wâge iht,

540 des verswîc mich niht,
　　unde wîse mich dar,
　　wand ich nâch anders nihte envar.'
　　　Alsus antwurt er mir dô
　　,sît dîn gemüete stât alsô
545 daz dû nâch ungemache strebest
　　und niht gerne sanfte lebest,
　　ichn gehôrte bî mînem tagen
　　selhes nie niht gesagen
　　waz âventire wære:
550 doch sag ich dir ein mære,
　　wil dû den lîp wâgen,
　　sone darftû niht mê vrâgen.
　　hie ist ein brunne nâhen bî
　　über kurzer mîle drî:
555 zewâre unde kumestû dar
　　und tuostû im sîn reht gar,
　　tuostû dan die widerkêre
　　âne grôze dîn unêre,
　　sô bistû wol ein vrum man:
560 dâne zwîvel ich niht an.

するとこの不気味な男は尋ねました。「冒険だって？それは何だ？」「それを詳しく説明しよう。さあ，わたしの闘いの身仕度を見たまえ。わたしは騎士と言い，わたしのように武装してわたしと一騎打ちをしようという騎士を捜し求めて，旅をしているのだ。もし相手がわたしを打ち倒したら，それは相手の名誉になる。しかしわたしが相手に勝ったら，わたしが勇者ということになって，わたしの値打ちは上がるわけだ。…」533
すると彼は次のように答えました。「それではお前は，すすんで危険を求め，平穏無事に暮らす気はないというわけだな。わしは今日まで冒険というものがどんなものか，聞いたこともなかった。

しかしお前に話すことがある。お前が命を賭ける気なら，それ以上尋ねる必要はない。この近くのわずか3マイルほどのところに，ひとつの泉がある。実際，そこに行って立派に用を足し，大した恥もかかずに帰って来られたら，お前は本当に勇敢な男だ。わたしはそれを疑わない。…」(524-560 行)

(『イーヴェイン』リンケ珠子 訳)

　騎士カーログレナントは泉の近くにいた男に何故ここに来たのかとその理由を訊ねられ，「冒険」‚âventiure'を求めていると答えている。(525 行)「冒険」とは何かというその男の問いに，さらに「冒険」の意味を語っているが，ここに一つの典型的な騎士宮廷叙事詩，特にアーサー王物語における「冒険」‚âventiure'の概念が表出されている。

　レクサー Lexer の中高ドイツ語中辞典 (1872/1979) では，‚âventiure' は「素晴らしい出来事，果敢に行為を始めて不確実な結果に至ること，偶然の幸運な出来事，運命，それに関する詩，そのような詩の一部分，宮廷詩人たちの原典，擬人化されたミューズの神」を意味し，更にレクサー小辞典のプレツェル Pretzel (1973) による補遺では，転義的に「幸福，幸運，僥倖，成功」の意味が挙げられている。この語は現代ドイツ語（新高ドイツ語）の Aventiure「1) 中世騎士物語の波瀾に富んだ事件，冒険，2) 中世叙事詩の歌章」を意味し，例えばドイツ中世英雄叙事詩の代表的テクストである『ニーベルンゲンの歌』„das Nibelungenlied"の B 写本では，テクスト全体が 39 の「歌章」‚Aventiure'から構成されており，ここでの ‚Aventiure'は作品構成上の単位としての形式的な意味を担っている。更には中高ドイツ語の‚âventiure'は，現代ド

イツ語 Abenteuer「冒険，危険な体験，異常な出来事」，また別の意味で「中世騎士の遍歴，冒険の旅，旅の途中で遭遇する危険な出来事，騎士物語の一章」に繋がっていく。クルーゲ Kluge (2002)『ドイツ語源辞典』によれば，‚âventiure'は古フランス語の aventure から借用され，語源的には中世ラテン語の advenire「近寄ってくる，到着する，訪れる，事が起きる，生じる」，あるいはそれから派生した中世ラテン語 adventūra「出来事」に遡る。（英語の adventure も同様な語源を持っている。）

ここでの「冒険」とは，「名誉」を求めての「武者修行としての他の騎士との一騎打ち」が意味されている。これは狭義の「冒険」であり，主人公である騎士イーヴェインや，個別的な作品の求める理想像は，これとはさらに異なり，変形され，もしくは精神的に高められた形態を取ることになる。

2　水と泉への巡礼の旅 ― 現代と中世を結ぶもの

歴史的事実としての「泉」

1) ローマ・ゲルマン・初期中世の泉

A. ラインレ A.Reinle は，『中世事典』の「泉」の項目の中で，古代ローマ人たちは，先住のケルト人たちが彼らの神々に捧げていた崇拝の泉や聖泉を同様に受け継いだとしている。(*Lexikon des Mittelalters* 2002: Bd.II, „Brunnen", Sp.764ff.) それらの泉は，古典古代後期，民族異動期にまで遡ることができるが，その後多くの泉が破壊された。ケルト人たちの崇拝の対象としての泉や生贄の泉と並んで，ゲルマ

ン人居住地域にも生贄の泉が散見される。例えば、ブドゼネ Budsene やベルリン - リーヒァーフェルデ Berlin-Licherfelde（新石器時代）の泉がその典型例とされる。また、スウェーデンでは、古ウプサラ Alt-Uppsala 近辺の生贄の泉と共に、ゲーダケル Godaker の墳墓には、人間の生贄を伴った生贄の泉が見られる。

2) 中西部ヨーロッパにおける中世の泉

ヨーロッパ中世においては、泉についての細かい区別が存在していなかった。『中世事典』の A. ラインレ A.Reinle は、中世の泉を以下のように定義している。「泉とは、ある地域に現れている水源、雨水を集めるために置かれた地下水槽、地下水を得る目的で掘られ縁を付けられた縦穴、並びに小川や川からの水の分流の目的で作られた機械的設備と理解された。」(*Lexikon des Mittelalters* 2002: Bd.II, „Brunnen", Sp.767) 技術史的観点から見ると、ヨーロッパ中世の泉は、起源4世紀にローマ植民地として成立した居住地や都市に設置された設備に遡ると言われている。

ヨーロッパにおける「泉」の象徴的意味

一体、ヨーロッパにおける「泉」の象徴的意味とは何だろうか。マンフレート・ルルカー Manfred Lurker の『象徴事典』(1991) では、一般に流水を伴う泉 Brunnen, Quelle は、「肉体的・精神的強化と浄化のイメージ」(Lurker 1991: S.115) と見なされている。神聖かつ治癒力があるとされている泉は、多様な形で神と関連付けられてきた。古代ギリシア人たちは、泉の湧出にヌミノースな力を見て取ったし、また古代ゲルマン神話では、宇宙樹イギドラシル Yggdrasill の下には「運命

の泉」,「ウルトの泉」(古アイスランド語,Urðarbrunnr'; 現代ドイツ語,Urdsbrunnen') が流れているとされる。ジメック Simek(1995) によれば, 恐らくウルト Urd(古アイスランド語,Urðr'「運命」) は,Urðarbrunnr'「ウルトの泉」からの派生語で, その「運命の泉」としての概念が, 三人の運命の女神のうちの一人の名前としての,Urðr'よりも古いと見なしている。「ウルトの泉」,Urðarbrunnr'は,『スノリのエッダ』„Snorra Edda"の「ギュルフのたぶらかし」,Gylfaginning'(14,15) に登場するが, 宇宙樹イギドラシルのもとを流れるこの泉のそばで, 古代ゲルマンの神々は協議を行い, またこの泉の近くに広間があり, そこには運命を定める三人の女神ウルト Urðr (Urd), ヴェルダンディ Verdandi, スクルト Skuld が住んでいるとされる。この女神たちは, 毎日この泉から水を汲み, 更に泉の周りにある粘土を取って, 宇宙樹の枝が干乾びたり腐敗しないように, それらを樹の上に振り掛けると言われる。その他の文献, 例えば「巫女の予言」,Völspá'(19) や「高き者の歌」,Hávamál'(111) にも, この泉が宇宙樹の下にあるということ以外の詳細は記されていない。

ギリシア・ローマ古典古代の伝説は, どのように女神レアが杖を使って岩や地面から泉を作り出したかを物語っている。また, 旧約聖書のモーゼは, 神の命令で生きるのに必要な水を岩から染み出させる (出エジプト記 17,6)。初期キリスト教教会のアトリウム Atrium と呼ばれる列柱広間や修道院の中庭を囲む回廊では, 水を使うという実際的な目的や典礼上の目的と並んで,「生命の泉」という象徴的な意味を泉に与えていたと思われる。旧約聖書では, 後世の神秘主義者たちに見られるように, 神自身が「生命の源」(詩篇 36,10)

として出現する。「生命の泉」‚fons vitae'はヨーロッパ中世やルネサンスの美術で好まれた概念であった。しばしば十字架に架けられたキリストや子羊が，救済する水（即ち血）を水盤の中に流している泉の形象として用いられている。またルルカーは，メールヘンや民間信仰における「泉」の重要性を説いている。即ち，そこでは「泉」は女性的・母性的特性を備えており，明らかに「泉」と出産の観念が互いに関連していると見なされている。広く流布したドイツの民間信仰では，赤子は「泉」から生まれる，というものである。あるいは，ドイツでは「地獄の池」‚Hollenteiche'，「地獄の泉」‚Hollenbrunnen'からコウノトリが子供を連れて来ると信じられていた。同時にまた，「泉」は死と夜の世界への入り口でもあった。此岸と彼岸，生と死との境界という意味では，「泉」はヨーロッパ中世の「ライオンの口」という比喩に通じる点も見られる。

アーサー王物語における「泉の冒険」

　先に述べたように，中世ドイツの典型的なアーサー王物語の一つである，ハルトマン・フォン・アウエの作品『イーヴェイン』には，「泉の冒険」‚Brunnenabenteuer'と称される場面がある（989-2008行）。主人公イーヴェインの「泉の冒険」に先立って，円卓の騎士カーログレナントが最初に泉の冒険を試みることとなる。泉のそばにいる野人は，カーログレナントが冒険を求めていると言ったことに対して，以下のように言葉を返す。

　　565 Noch hoere waz sîn reht sî.

dât stât ein capelle bî:
diu ist schoene und aber cleine.
kalt und vil reine
ist der selbe brunne:
570 in rüeret regen noch sunne,
nochn trüebent in die winde.
des schirmet im ein linde,
daz nie man schoener gesach:
diu ist sîn schate und sîn dach.
575 si ist breit hôch und alsô dic
daz regen noch der sunnen blic
niemer dar durch enkumt:
irn schadet der winter noch envrumt
an ir schoene niht ein hâr,
580 sine stê geloubet durch daz jâr:
und ob dem brunne stât ein
harte zierlîcher stein,
undersatzt mit vieren
marmelînen tieren:
585 der ist gelöchert vaste.
ez hanget von einem aste
von golde ein becke her abe:
jane wæn ich niht daz iemen habe
dahein bezzer golt danne ez sî.
590 diu ketten dâ ez hanget bî,
diu ist ûz silber geslagen.
wil dû danne niht verzagen,
sone tuo dem becke niht mê,
giuz ûf den stein der dâ stê
595 dâ mite des brunnen ein teil:
deiswâr, sô hâstû guot heil,
gescheidestû mit êren dan.'

565 もう少し泉がどんな様子かを聞くがよい。泉のそばには礼拝堂がある。小さいが美しいものだ。その泉の水は冷たく澄み切っている。雨も日の光も泉に届かず，風がその水をかき乱すこともない。まだだれもそれにまさるものを見たことがないほど美しい菩提樹が，その泉を覆い守っているからだ。それは泉に陰を与えるもの，つまり泉の屋根なのだ。この木は枝をひろげて高くそびえ，葉は鬱蒼と茂って，雨も日の光も決して通さない。冬の寒さが，その木の美しさをそこなうことは決してないので，その木には年中葉が茂っているのだ。そして泉は見事に切り整えた石で囲まれ，その石を四匹の大理石のけものが支えている。石にはまた透かし彫りの模様が刻まれている。菩提樹の枝には黄金の水差しが吊るされているが，もちろんそれよりも立派な黄金を持つ者があろうとは思われないほどのものだ。その水差しを吊るした鎖は銀でできている。もしお前が臆病者でありたくなければ，その水差しで泉の水を少し汲み取って，そこにある石に注ぎかけるだけでよい。実際，もしお前が手柄をたててそこから帰って来られたら，お前は運のよい男だよ。』(565-597 行)

(『イーヴェイン』リンケ珠子 訳)

この泉の場面は，修辞学的には一種のトポス「桃源郷」‚locus amoenus'として機能しているだけでなく，聖地としての宗教的な役割も果たしている。円卓の騎士カログレナントが，この水差しで泉を囲む石に注ぐと，激しい暴風雨が起こり，雷鳴と嵐が森の木々を打ち倒す。その嵐が去って，ひとときの静寂が訪れた後で，泉の国の王アスカローンが現れ，カログレナントの行為を森の安寧を乱した「不遜な行為」‚hôchvart'(715 行) として非難し，騎士試合を挑む。その闘いにカーログレ

ナントは敗退し，馬と名誉を奪われてアーサー王の宮廷に帰還する。

『イーヴェイン』後半部の，いわゆるテクスト構造上の「二重(化)コース」‚doppelter Kursus'（図1参照）における第二の冒険âventiureでは，泉の国の王妃ラウディーネのもとへの帰還が，ヴォルフラム Wolfram の『パルツィヴァール』„Parzival"における「聖杯城」での主人公パルツィヴァールの戴冠と同様に，最終的な目的行為となっている。つまり，もはやアーサー王の宮廷ではなく，泉の王国自体がより重要な中心地を形成していると言えよう。そして王妃ラウディーネとの約束を破って再会の期日を守れなかった主人公イーヴェインの最終的な贖罪は，アーサー王によってではなく，泉のそばで，主人公の本来の目的であるラウディーネによって行われることになる。

3 『パルツィヴァール』の作品上の時間把握

これまで主としてドイツ13世紀のアーサー王物語，特にハルトマン『イーヴェイン』に見られる空間的移動としての「冒険」について論じてきたが，最後に，中世ドイツ・アーサー王物語に属する『パルツィヴァール』の作品上の時間の問題，特に時間把握，あるいは更に大きな視点から時代把握について簡単に述べておきたい。先に示した図1では，アーサー王物語の二重化プロセスが示されている。この図では，前史としての，主人公パルツィヴァールの両親の物語の部分は省略してある。簡単に図全体を説明しておきたい。二重化プロセスの前半では，主人公の世俗的な意味での「冒険」，

すなわち敵を倒し騎士としての武勇・名声を高めるという価値観が示され，一応の社会的評価を得る。しかし後半部では，そのような武力による「冒険」の遂行ではなく，主人公の精神的・宗教的成長と価値転換がより重要となる。この「聖杯」物語の転換点というべき，聖金曜日における主人公の巡礼者たちとの出会いが，より象徴的な意味を帯びてくる。

『パルツィヴァール』には，前史として，主人公の両親の物語と，後史として主人公の異母兄弟フェイレフィスの物語がある。父ガハムレットはキリスト教徒であり，黒人の女王ベラカーネと結婚するが，宗教上の理由から離婚する。二人の間には黒白の肌をしたフェイレフィスが生まれる。物語の後史で，彼は成人した後，再び登場する。彼は最後に聖杯城で洗礼を受け，聖杯王アンフォルタスの妹レパンセ・デ・ショイエと結婚して故郷に帰還する。その息子ヨーハンは王位を継承し，司祭として東方の異教徒の国でキリスト教布教に従事することとなる。

主人公パルツィヴァールの物語に，前史と後史を付けた構成は，世界史を神の人類救済の立場から見るキリスト教救済史の考え方に基づいているとする解釈がある。（加倉井他 1983: S.450f.）教父アウグスティヌスによれば，歴史は地上の人類の歴史と，その前後に，創造と堕罪の前史，及び審判とそれに続く栄光の国を物語る後史の3つの時代からなる，とされている。『パルツィヴァール』も，1) キリスト教以前の異教徒の時代世界，2) 主人公が活躍するキリスト教の時代世界，3) 異教徒のキリスト教帰依の時代，の3つの時代世界から成り立っている。この意味で，この作品がキリスト教救済史のアナロジーであるとする考え方がある。

また，作品の時間的構成の中でも，主人公パルツィヴァール自体が救済史の3つの段階を経ている。1) まず，主人公は森の中で，母親に保護されつつ無知で純粋な生活を送っていたが，騎士たちと出会ってから騎士に憧れ，家を出て，アーサー王の宮廷で刀礼を受けて世俗的騎士となる。2) 最初の聖杯城訪問では，病む聖杯王に言葉をかけることを怠り，その後アーサー王の宮廷で魔女クンドリエから厳しく叱責される。パルツィヴァールは現世の罪の世界を知り，放浪の果てにキリスト受難の聖金曜日に，巡礼者たちと，さらには師となるトレフリツェントと出会う。3) 最後に，主人公は再度聖杯城に赴き，病む叔父の聖杯王に以前怠っていた問いを行うことで，聖杯王を病から救済し，その後自らも聖杯王となり，神に仕える身となる。前史である父ガハムレットに関する最初の2章と，後史としての異母兄弟フェイレフィスについての最後の章の枠としての意味は，キリスト教的救済史的考え方を考慮して初めてその本質的意義が見出せるという説である。この関連から，パルツィヴァールの「冒険」は，パルツィヴァールの世俗的な「名誉」の獲得や自己実現，また「聖杯」探索という目的に留まることなく，冒険の最初の行程（コース）で犯した様々な「罪」を，冒険の第二行程で贖罪しつつ，最終的に聖杯王アンフォルタスを救済することで，パルツィヴァール自身も神の恩寵を得る（798連），というテクストの全体構造にとって不可欠な機能の一つであると位置付けられ得るだろう。

4 健康への希求 － 聖なる泉への巡礼

　最近の健康ブームが、ヨーロッパでも「巡礼」の新しい流れを示していると言われる。例えば、2003年の夏の傾向として、オーストリアの『宇宙』„Universum"(2003年3月号) という自然啓蒙雑誌が、「水への巡礼」と題する特集を組んだ。近年、ヨーロッパでは、病気治療や鎮痛の目的で、ますます多くの人々が、土着の巡礼地や古代の祖先崇拝地の鉱泉（薬用泉）を巡礼している。また、ヨーロッパの多くの巡礼地は、聖泉の周囲に成立していると言われる。例えば、オーストリアのハウツェンドルフ Hautzendorf にある「聖母マリアの泉」„Marienbündl'では、聖泉に近い聖ランベルト St. Lambert 教会は、1170年に初めて古文書上に登場したが、そのはるか以前から、この聖泉に対する信仰があったと推定されている。(„Universum"2003: S.49)

　他方、全ての泉を古代の祖先崇拝地と一致させることは避けるべきだという批判的な見解もある。「実際の浄化あるいは象徴的浄化力としての流水の意味の、宗教史的に証明可能な遍在は、… 教会建造物の周辺にあるどの水場も特殊な礼拝の場と称するように惑わしてはならない。」(W.Brückner: *Lexikon des Mittelalters* 2002, Bd.II, „Brunnen"Sp.779) いずれにせよ、「聖所、聖なる場」„Heilige Stätte'としての泉と「療養所」„Heilstätte'としての泉（鉱泉、療養泉）の境界は、ドイツ中世においては非常に流動的であったように思われる。ドイツ中世では、泉の二つの機能、即ち実用的治癒と宗教的崇拝・信仰は、しばしば交差し、重なり合っていた。W. ブリュックナー W.Brückner は、同じ場所にある泉の名称の揺

れ（例えば1341年にバーリンゲンBahlingenの泉は„heilige brunnen"という名称であったが，1491年には„Hailbrunnen"と呼ばれるようになった）は，泉の「実用機能の開放性」の証拠であり，他方プロテスタントたちは泉の両方の機能をより明確に区別しようと試みた，と指摘している。(*Lexikon des Mittelalters* 2002, Bd.II, „Brunnen"Sp.778ff.) ドイツのカトリック地域では，オーデンヴァルトOdenwaldの愛の泉Amorsbrunnのように，中世の「泉崇拝」,Quellkulte'は，後の時代の聖人崇拝によって覆い隠された。

おわりに

本章では，ヨーロッパ中世における「冒険」と「旅」について，ドイツ中世の騎士宮廷文学，特に「アーサー王物語」を例に取りながら論じた。また，「冒険」「旅」と「泉」の象徴的な意味や関係にも焦点を当てて，ヨーロッパ中世，更には現代における「泉」への「旅」「巡礼」の意味を比較考察した。

図1 ドイツ騎士宮廷叙事詩（アーサー王物語）に見られる構造的・題材的二重化のプロセス (Ruh 1980: S. 88; 138)

	出立 → → → → →	騎士の教育	騎士の報酬とミンネ	怠慢
Hartmann von Aue: "Iwein"		アーサー王の宮廷	泉での冒険 ラウディーネ	
Wolfram von Eschenbach: "Parzival"	ゾルターネ アーサー王の騎士たちとの出会い / 出立の際に母親を見殺しにする / イェシューテ [ジグーネ] / アーサー王の宮廷 / グルネマンツ		コンドヴィーラームス クラーミデとの戦い	聖杯の前で病んでいる聖杯王に対し質問を怠る
"Iwein" 第二サイクル				ラウディーネに対する期日の怠慢
"Iwein"		ミンネによる無力化 / アーサー王の円卓の騎士による価値証明: / ケイイの敗北 ガーヴェインの友情	祝宴と賞賛 / アーサー王の宮廷 ラウディーネのもとで	（宮廷からの）排除
"Parzival"	イェシューテ	雪の中の三つの血滴 / ケイエの敗北 ガーヴァーンの友情		クンドリエの非難
		ミンネによる狂気		アーサー王の宮廷 ラウディーネの女使者

中世ドイツ文学にみる旅　　93

→ → → → → → → → → → → →		アーサー王の宮廷			→ → → ラウディーネの もとへの中間的 帰還
Hartmann von Aue: "Iwein"	期日の怠慢		騎士として の証明		
Wolfram von Eschenbach: "Parzival"	アーサー王の宮廷 (プリミツェル) 質問の怠慢		流離の旅	**聖金曜日 巡礼者たち との出会い**	泉の近くに庵を 結ぶ隠者 トレフ リツェントのも とへの立寄り
	Gawan: 騎士としての恥辱		騎士として の証明 Bearosche Schanpf- lanzun		

→ → → → → → → → → → → →	アーサー王の宮廷 イーヴェインとガ ーヴァンとの戦い		→ → → **ラウディーネの もとへの最終的 帰還**
騎士としての証明			
フェイレフィツとの出会い (パルツィファルの異母兄弟 イスラム教徒)	アーサー王の宮廷 (ヨーフランツェ)		**聖杯王国** 「叔父上，どこが お痛みですか。」 問いによる聖杯 王の回復
騎士としての証明	パルツィファルと ガーヴァンとの戦 い		聖杯王となる
シャステル・マルヴェイユ	パルツィファルと フェイレフィツと の戦い		

主要文献表

Bumke, Joachim: *Die romanischen-deutschen Literaturbeziehungen im Mittelalter.* Ein Überblick. 1967.

Bumke, Joachim / Cramer, Thomas / Kartschoke, Dieter: *Deutsche Literatur im Mittelalter. Geschichte – Kultur – Gesellschaft.* Digitale Bibliothek Band 88. Directmedia, Berlin 2003.

Cormeau, Christoph / Störmer, Wilhelm: *Hartmann von Aue. Epoche-Werk-Wirkung.* München 1985.

Cramer, Thomas (Übers.): *Hartmann von Aue. Erec. Mittelhochdeutscher Text und Übertragung von Thomas Cramer.* 23.Auflage. Frankfurt am Main 2000.

Cramer, Thomas (Übers.): *Hartmann von Aue. Iwein.* 4.Auflage. Berlin / New York 2001.

Engels, Odilo: *Die Staufer.* 3., erweiterte Auflage. Stuttgart / Berlin / Köln / Mainz 1984.

Fleckenstein, Josef: *Rittertum und ritterliche Welt. Unter Mitwirkung von Thomas Zotz.* Berlin 2002.

Gottzmann, Carola L.: *Artusdichtung.* Stuttgart 1989.

Gschwendtner, Herbert / Kutil, Hans: *Die schönsten Wasserwanderwege im Salzburger Land.* St. Margarethen / Lungau 2003.

Hagenmeyer, Ulrich: *Das Ziel ist der Weg. Auf dem Jakobsweg nach Santiago de Compostela.* Stuttgart / Zürich 2003.

Heinzle, Joachim (Hrsg.): *Geschichte der deutschen Literatur von den Anfängen bis zum Beginn der Neuzeit.* Band II: Vom hohen zum spaten Mittelalter. Teil 2: Wandlungen und Neuansätze im 13. Jahrhundert (1220/30-1280/90) von Joachim Heinzle. 2., durchgesehene Auflage. Tübingen 1994.

Heinzle, Joachim (Hrsg.): *Geschichte der deutschen Literatur von den Anfängen bis zum Beginn der Neuzeit.* Band II: Vom hohen zum späten Mittelalter. Teil 1: Die höfische Literatur der Blütezeit (1160/70-1220/30) von L. Peter Johnson. Tübingen 1999.

Hirsch, Siegrid / Ruzicka: *Heilige Quellen in Niederösterreich & Burgenland.* 2002.

Hirsch, Siegrid / Ruzicka: *Heilige Quellen in Oberosterreich.* 2003.

Huschenbett, Dietrich / Margetts, John: *Reisen und Welterfahrung in der deutschen Literatur des Mittelalters.* Würzburg 1991.

Kluge, Friedrich: *Etymologisches Wörterbuch der deutschen Sprache.* Berarbeitet von Elmar Seebold. 24., durchgesehene und erweiterte Auflage. Berlin / New York 2002.

Lexer, Matthias: *Mittelhochdeutsches Handwörterbuch. Zugleich als Supplement und alphabetischer Index zum Mittelhochdeutschen Worterbuch von Benecke-Müller-Zarncke.* 3 Bde. Reprografischer Nachdruck der Ausgabe Leipzig 1872. Stuttgart 1979.

Lexer, Matthias: *Mittelhochdeutsches Taschenwörterbuch. Mit den Nachtr. von Ulrich Pretzel.* 38. Aufl., unveränd. Nachdr.. Stuttgart 1992.

Lexikon des Mittelalters. 9Bde. München 2002.

Lurker, Manfred: *Wörterbuch der Symbolik.* 5.Auflage. Stuttgart 1991.

Mertens, Volker / Müller, Ulrich: *Epische Stoffe des Mittelalters.* Stuttgart 1984.

Ochsenbein, Peter / Schmuki, Peter: *Vom Reisen in alter Zeit.* St. Gallen 1989.

Ohler, Norbert: *Reisen im Mittelalter.* München und Zürich 1986.

Ruh, Kurt: *Höfische Epik des deutschen Mittelalters.* Teil 1. Von den Anfängen bis zu Hartmann von Aue. 2., verb. Aufl.,

Berlin 1977.

Ruh, Kurt: *Höfische Epik des deutschen Mittelalters.* Teil 2. ‚Reinhart Fuchs', ‚Lanzelet', Wolfram von Eschenbach, Gottfried von Strasburg. Berlin 1980.

Simek, Rudolf: *Lexikon der germanischen Mythologie.*2.,ergänzte Auflage. Stuttgart 1995.

Universum. Nr. 3. März 2003. Herzogenburg 2003.

Weddige, Hilkert: *Einfuhrung in die germanistische Mediävistik.* 3., durchges. u. erg. Aufl., München 1997.

Wegner, Ulrich: *Der Jakobsweg. Auf der Route der Sehnsucht nach Santiago de Compostela.* Freiburg / Basel / Wien 2003.

Wehrli, Max (Übers.): *Hartmann von Aue. Iwein. Aus dem Mittelhochdeutschen übertragen, mit Anmerkungen und einem Nachwort versehen von Max Wehrli.* Mit 10 Farbtafeln. Zürich 1988.

Wehrli, Max: *Geschichte der deutschen Literatur im Mittelalter.* 3., bibliographisch erneuerte Auflage, Stuttgart 1997.

ジェフリー・アッシュ『アーサー王伝説』横山茂雄 訳 平凡社 1992.

ハルトマン・フォン・アウエ『ハルトマン作品集』平尾浩三, 中島悠爾, 相良守峯, リンケ珠子 訳 郁文堂 1982.

ヴォルフラム・フォン・エシェンバッハ『パルチヴァール』加倉井, 伊東, 馬場, 小栗 訳 郁文堂 第4版 1983.

『カンタベリー物語』にみる旅
— 構造と意味 —

中尾 佳行

1 はじめに

　旅は中世イギリス詩人チョーサー (Chaucer 1340?-1400) にとって，作品を構想してゆく際の重要な枠組みである。物語の旅のフレームは，中世作品によくあるように，登場人物に冒険の機会を与え，彼らに新たな認識を導いている。物語を聞く聴衆も彼らと冒険を共有し，自らも冒険を味わい，また認識の幅と深さを確かめたであろう。物語の創作者であるチョーサー自身国内外の旅を経験し，人間性を見る目を着実に拡げていった人だと言える。特に当代の詩人であるガワー (John Gower) やラングランド (William Langland) に比べてユニークなのは，彼は国外に向けて旅をしたことである。フランスとイギリスの百年戦争に従軍して，フランスで捕虜になった経験がある。もっと決定的なのは，イタリアを二度訪れたことである。一度目はミラノ，二度目はフロレンスである。これらの旅でチョーサーは，中世イギリスのキリスト教の色濃い文化とは異質な，人間解放のルネッサンスの文化に触れる機会があった。これはチョーサーの視野を大きく拡げることになった。フロレンスでは，そこで活躍した詩人，ダ

ンテ (Dante) やボッカチオ (Boccaccio) の写本を入手することができた。帰国するや、彼らの作品を換骨奪胎し、独自な作品を創作している。『名声の館』はダンテの『神曲』の影響を受け、『トロイラスとクリセイデ』と『カンタベリー物語』はそれぞれボッカチオの『イル・フィロストラートー』、『デカメロン』の翻案である。チョーサーは、一方にキリスト教の文化を見れば、他方に人間の生身の在りようを見、聖と俗の大きな振幅の中で創作することになる。

　チョーサーを取り巻く言語環境として科学の言語・宗教の言語としてのラテン語、行政の言語としてのフランス語、そして生活言語としての英語があった。更に彼の場合、イタリア語にも精通していた。チョーサーがイタリア語ができたことが、イタリアへの派遣に繋がり、そこで彼がいち早くルネッサンスを経験することになった。チョーサーは大陸の言語に精通していたが、それを文学の言語として使用することはなかった。彼は生活言語として使われていた英語を選択した。旅を通して着想は大陸的なヴィジョンに及ぶが、しかし、それを英語で表現した。英語を使った理由は種々あろうが、チョーサーは英語を用いれば感情的な意味まで表現し切れると考えた、また英語は言語接触を通してニュアンスの細部まで表す力が充電されていると考えたのであろう。言語選択に迷って、フランス語、ラテン語、英語と書き換えたガワーとは一線を画する。チョーサーにとって英語表現は、人間の理念を表わす聖から人間の生身の在りようを表わす俗まで、柔軟に対応してゆける媒体であった。

このような背景で『カンタベリー物語』が生み出される。この物語の原典，ボッカチオの『デカメロン』は次のような話である。フロレンスに蔓延したペストを避け，7人の婦人と3人の紳士が町外れの別荘に滞在する。一日一人の主催者を決め，彼・彼女の指示に従って，活動する。その娯楽の一つとして，一日に全員が話をすることになる。他方，チョーサーの場合は，人々が話をする設定を，中世的な巡礼に変更している。カンタベリー大聖堂へ詣でる29人の巡礼者が一人行き帰りに2つずつ話をする，という想定である。（実際は，カンタベリー大聖堂に向かう時の話だけで，トータルで24の話に留まる。）

『カンタベリー物語』の旅は，旅の常として，時空間の移動を伴うものである。旅がどこからまたいつ始まり，どのような行程を経て，そしてどこにいつ着くのか。しかし『カンタベリー物語』はこのことを叙述しただけでは終わらないように思える。更に心理的な，つまり隠喩的な時空間の移動を考慮しないと，チョーサーが構想した物語の本質には辿りつけないであろう。本論では，従来十分に注意されてこなかった，この二重の時空間の移動という観点から，『カンタベリー物語』の構造と意味を明らかにしてみたい。

2　構造と意味：時空間移動との関係で

本論で言う構造と意味について，簡単に定義しておこう。

（1）構造

　構造は全体像を見失わないで部分を捉えることを言う。本論では旅という全体的なフレームを背景に置いて，その中で生起する出来事を一つの部分として位置付ける。旅には初めがあり，過程があり，そしてゴールがある。旅の移動は，時空間移動に他ならない。カンタベリー大聖堂への巡礼の旅も，同様に初めがあり，過程があり，そしてゴールがある。

（2）意味

　旅という全体的なフレームの中で，時空間が持つ意味がどのように拡がりまた深まってゆくかを扱う。『カンタベリー物語』の総序で描かれているように，何故「旅」の始まりが4月なのか。何故「旅」の目的地がカンタベリー大聖堂なのか。カンタベリー大聖堂への巡礼で，何故最初に騎士が話をするのか。また最後の話し手は何故牧師なのか。旅の進行に関係して，色々な疑問が浮かび上がってくる。このような疑問に応えようすると物理的な時空間移動だけでは捉えられない。心理的で隠喩的な時空間移動を考慮して初めて応えられるものである。従って，本論での意味は時空間の字義的・心理的意味を含めた重層的な意味の可能性を探求することである。

3　時空間の概念

　時間と空間は古今東西を問わず人間が枠をはめられている普遍的な現象である。従って，時空間移動もそうならざる

をえない。人間がいつどこで生まれ，どこで成長して，いつどこで死んでゆくのか，ということは，誰しも避けては通れないことである。但し，それぞれをどのように感覚し価値付けるかは，時代，文化・社会，民族，宗教，あるいは個人によっても違いうるものである。本論では英国中世でのカンタベリー大聖堂への旅がどのように価値付けられるかを問うことになる。

(1) 時空間移動

時間は朝，昼，晩，あるいは春，夏，秋，冬，更には幼児・児童期，思春期，成人期，老荘期，死等と移行するものである。『カンタベリー物語』は，旅の過程の時間の移り変わりのみならず，巡礼者が語るそれぞれの話が古代，当代を問わず時間的背景を持ち，そこでの出来事は時間の移動を通して展開している。聴衆・読者はそれぞれの時間に身を置きながら反応するよう促される。

空間は場所的なもので，ある場所に拘束されることもあれば，そこから別の場所へと移動することもできるものである。更に，地上の中での水平的な移動もあれば，地上（この世）から天上（来世）への垂直的な移動もある。カンタベリー大聖堂への空間的な移動は，水平的にはロンドンの喧騒からカンタベリーの聖地への移動であるし，垂直的にはこの世からあの世（来世），New Jerusalem への移動でもある。

(2) 心理的な時空間移動

時空間は人間が現実世界で避けがたく接しているものだが，この時空間は人間の心理的な世界に容易に転調される。旅の隠喩的な転調は端的な例である。「人生は旅である」は暗黙知である。旅の出発点—経過—ゴールは，例えば，隠喩的に，問題の設定—問題解決のための葛藤—問題の解決に対応するものである。具体的に言えば，1) のような隠喩的なイメージを描くことができる。「— は」に当たるのがそのイメージで，「— である」に当たるのが旅の属性である。(大堀訳 1994 を参照。) カンタベリー大聖堂への旅は，このようなイメージを凝縮して備えている。

1) — 人生を送る者は旅人である。
　　— 目的は旅の到達点である。
　　— 目的を果たすための手段は経路である。
　　— 人生の困難は旅の障害である。
　　— 助言者は案内役である。
　　— 進展は旅した距離である。
　　— 進展を測るものは道標である。
　　— 人生の選択は交差点である。
　　— 資産と才能は旅の支度である。

4　『カンタベリー物語』にみる旅：構造と意味

(1) 中世のコンヴェンション：フレーム・ナラティヴのパタン

　中世の「語り」の最もポピュラーなパタンは，主人公が目標ないし課題を設定し（され），旅のプロセスないし試練を通して，その問題解決を遂行したり，あるいはその問題の

認識を深めてゆくというものである。旅のプロセスの中に時空間移動が不可欠な要素として含まれる。これは中世の代表的な説話集 (homily) や世俗的なロマンスに多用されている。

チョーサーの中期作品『名声の館』は、愛の知らせの源を求める旅で、ヴィーナスの神がいる地上の砂漠から、天と地の間にいる名声の女神のところにゆき、最後に噂の館に行ったところで中断する。この冒険は隠喩的には真偽の情報の共存する名声、即ち創作ないし虚構の材源を探求する話である。

彼の『鳥の議会』は愛の種類を探究する旅で、詩人は天上からまずキリスト教の至福の愛を見、次にヴィーナスの神が支配する宮廷恋愛 (courtly love) の世界を覗き、最後に自然の女神が支配する自然愛の世界を見る。神の愛、宮廷恋愛、そして自然の愛を体験する。それぞれの愛は絶対的なものでなく相対的なものであることを認識する。

『カンタベリー物語』は、以下で具体的に述べるが、カンタベリー大聖堂に詣でる途中、巡礼者が様々な話をすることで人生のパノラマを経験し、最後は死の準備をする旅である。

ラングランドの『農夫ピィアズ』は、人間がこの世の混沌とした状況を経て、Do well, Do better, Do best を認識し、徐々に真理 (Truth) の在処を見定めるというアレゴリカルな冒険・旅である。

ガウエイン詩人の『ガウエイン卿と緑の騎士』は、アーサー王の円卓の騎士である主人公のガウエインが、1年間の

試練と冒険を経て緑の騎士との約束を果たすが，円卓の騎士に抵触する人間的弱点 (vntrawthe) を露呈し，最後はそれを恥じとして反省的に生きるという話である。

以上のように，旅は，中世の語りにおいて，フレーム・ナラティヴの一つの強力なパタンをなしている。

(2)『カンタベリー物語』にみる旅

以下では具体的に『カンタベリー物語』の旅が持つ構造と意味を，時空間移動を跡付けることで検証してみよう。

(2-1) 歴史的に見た時空間移動

カンタベリー大聖堂は，聖人 Thomas à Becket (c1118-70)（1173 年に聖者に叙された）が祀られた聖堂で，彼の御利益にあずかろうとイギリス各地から多くの巡礼者が詣でた聖堂である。カンタベリー大聖堂までは，ロンドンから約 57 マイルあり，巡礼者は 1 日 20 〜 30 マイル進むとして，2,3 日の行程であった。現代と比べ道路事情が必ずしもよくなく，馬がぬかるみに足をとられることもままあった。途中追い剝ぎが出ることもよくあり命がけでもあった。巡礼者が団体でゆくのは防衛上の問題でもあった。また宿も一つのベッドに二人が寝たり，主人に暴利を取られたり，また売春宿同然のところもあった。巡礼者は信仰のために巡礼に参加するだけでなく，宿に着くごとに酒を飲んだり話したりで，エンターテインメントも重要な動機であった。巡礼の旅は，危険があるものの日常的には見えない風景や事物を途中見ることができ，人生の多様性を経験させてくれる，刺激に満ちた貴重な

探究の場でもあった。(Woods 1976 を参照。)

(2-2)『カンタベリー物語』の時空間移動

『カンタベリー物語』にみる旅の構造と意味を,カンタベリー大聖堂に詣でる巡礼者を取り囲む外的世界と,巡礼者がする話の中で展開する内的世界の2面に分けて検討する必要がある。後者は,前者の出発点―過程―着点の中の「過程」で展開するものである。行く道すがら巡礼者が話すテールの世界である。このテールの世界も物語の常として,時間移動を伴うものである。この外的と内的な世界は,大凡 2) のようにまとめられる。

2) a. 外的な世界の旅:始め ― 過程 (物語) ― 終着点
     場所移動:ロンドン―ケント街道 (物語)―カンタベリー大聖堂
        (喧噪の) ロンドン ― ケント街道 (物語)― 村のはずれ
     時間移動:1 日 ― 日の出 (太陽)― 日没 (月)　(天秤座)
        月 ― 4 月
        季節 ― 春
     心理的な時空間移動:経験の開始場所 ― 経験の拡大 (相対化)―
        経験の終着場所
     場所:地上 ― 地上での経験の拡大 (水平移動)― 天上 (垂直移動):
        New Jerusalem
     時間:生の始まり ― 成長 ― 死
  b. 内的な世界:「過程」物語の展開 ― 時空間移動
        (Ellesmere MS の Fragment の構造:逆転の発想)

カンタベリー大聖堂に詣でる巡礼者はロンドンに集まる。王と乞食を除いた社会の様々な階層からの人物が巡礼に加わっ

ている。旅の過程で展開する人生のパノラマが準備されている。騎士 (knight)，近習 (Squire)，騎士の従者 (Yeoman)，尼僧院長 (Prioress)，助手の尼僧，3人の司祭，修道僧 (Monk)，托鉢僧 (Friar)，貿易商人 (Merchant)，学僧 (Clerk)，高等弁護士 (Sergeant of the Law)，郷士 (Franklin)，ギルドの一行 (Guildmen：小間物屋，大工，機屋，染め物屋，絨毯屋)，料理人 (Cook)，船長 (Shipman)，医者 (Doctor of Physic)，バースの女房 (Wife of Bath)，教区司祭 (Parson)，農夫 (Plowman)，粉屋 (Miller)，法学院の賄い方 (Manciple)，荘園管理人 (Reeve)，召喚吏 (Summoner)，免償符売り (Pardoner)，そして宿の主人 (Host)。但し，次の人物は物語を語るにも拘わらず，紹介されてはいない。第二の尼僧 (Second Nun)，尼僧院長付きの司祭 (Nun's Priest)，チョーサー (Chaucer)，司教聖堂付きの参事の従者 (Canon's Yeoman)。(Karibe 2000を参照。)

　空間移動の観点から言えば，彼らはそれぞれの視点で物語を語りながらケント街道を通ってカンタベリー大聖堂に向かうのである。時間移動の観点から言えば，彼らはロンドンを「若い太陽が白羊宮の半分を通過した時」，4月中葉の春，日の出（午前6時）と共に巡礼に出発する。目的地のカンタベリー大聖堂に着く時には，太陽が沈み，月ないし天秤座が登っている。心理的な時空間移動の観点から言えば，地上から，この世の葛藤を経て，最後には天上 (New Jerusalem) に昇る。あるいは生の始まりから，経験を豊かにし，成長し，最後は罪を悔い改めて，死を迎えるのである。

内的な世界は，出発点と帰着点を結ぶ「過程」に焦点を当てる。「過程」には物語がはめ込まれる。この物語は経験が相対化される形で展開する。3) は『カンタベリー物語』の Ellesmere MS と Hengwrt MS の順序である。

3) Ellesmere MS　　　　　　Hengwrt MS

	Lines		Tales
Fragment I	1-4422	Group A	(GP), KnT, MilT, RevT, CookT
Fragment II	1-1190	Group B1	MLT
Fragment III	1-2294	Group D	WBP&T, FriT, SumT
Fragment IV	1-2440	Group E	ClT, MerT
Fragment V	1-1624	Group F	SqT, FranT
Fragment VI	1-968	Group C	PhyT, PardP&T
Fragment VII	1-4652	Group B2	ShipT, PriT, Thop, Mel, MkT, NPT
Fragment VIII	1-1481	Group G	SNT, CYT
Fragment IX	1-362	Group H	MancT
Fragment X	1-1080	Group I	ParsT

(Retr) 24 の物語

Ellesmere MS と Hengwrt MS は共に 15 世紀に作成された写本である。Hengwrt MS は『カンタベリー物語』の 84 写本中最も古いもので，Ellesmere 写本は，Hengwrt MS に編集が施されて，より完成に近いものへと整えられた写本である。同じ写字生のものと言われている。両写本には中間の順序 B, C, D で差異が認められるが，最初と最後は安定したものである。チョーサー自身最初と最後の話を決めたものの，

中間の話は死ぬまで編集，再編集していたのではないかと考えられる。物語の最初は『カンタベリー物語』の序論に当たる「総序」(General Prologue) である。ここでは物語の設定，つまり29人の巡礼者がカンタベリー大聖堂への行き帰り，一人が物語を2つずつすることが説明されている。この場所がロンドンであり，季節は春であり，そして巡礼者が早朝に巡礼に出発することは既に述べた通りである。物語の最後は「教区司祭の話」(The Parson's Tale) で，そこでは人間が罪を悔いて，天国である New Jerusalem にいかに受け入れられてゆくかが示されている。既に述べたように，場所的に見ると，地上世界から天上世界への，そして時間的に見ると，時間に制約されていた生命のある時から時間の制約のない永遠の生命，死への移行である。

具体的な巡礼者の話は両写本とも騎士から始まる。Fragment I と Group A に含まれる話とその順序は同じである。「総序」では話の順番を決めるためにくじを引き，騎士にたまたま当たったとなっている。しかし，これは宮廷人を前に語るチョーサーが社会的な身分の高い人を最初に選ぶという秩序意識からでてきたものである。時空間的に見ると，物語の話し手の順序にも選択が働いている。騎士の後，機械的に身分の高い巡礼者から話をするかと予想すると，決してそうではない。次は粉屋が話をしている。チョーサーは突如視点を換え，騎士と粉屋，そして彼らが語る話を相対的に描き出している。騎士は，古代ギリシャを舞台に二人の騎士，Palamon と Arcite が，一人の姫 Emelie を得ようと競うロマ

ンスを話す。他方，粉屋は中世同時代の英国オックスフォードを舞台に粉屋の女房が下宿しているオックスフォードの学僧に寝取られる，庶民版ロマンス，ファブリオーを話す。「騎士の話」は時空間的に遠い世界の内容であり，他方「粉屋の話」は時空間的にすぐ身近にある内容である。

最終部の Fragment IX, X あるいは Group H, I も両写本とも同じである。前者の「賄い方の話」(The Manciple's Tale) は，地上に降りた太陽の神，フィーバス (Phebus) が，家で飼っていたカラスに妻の裏切りを知らされ，怒って彼女を殺す話である。言葉が人を生かしも殺しもするという教訓，知恵者で弓の名手であるフィーバスが妻の裏切りを密告され，混乱の中，弓でもって妻を撃ち殺すという事実，言葉と行動が矛盾を来すという価値の倒錯した世界が描き出されている。後者の作品,『カンタベリー物語』の最後の作品である「教区司祭の話」は，人間の罪の告白と罪の浄化，そして死を迎える準備が叙述されている。時空間的に見ると，「賄い方の話」は地上ないし現世での人間の価値観の倒錯の極みを描いたもので，「教区司祭の話」は，既に述べたように，罪を悔い改めた人間が到達する天上での永遠の至福を描いたものである。

中間にある物語の配置も大同小異である。このように物語の内的な世界は相対的に配置され，詩人チョーサーの逆転の発想で貫かれている。それぞれの話は古代の遠い外国の話から，当代の現地の話まで，また地上の話から時間を超越した天上の話に及ぶ。これは人間の生から死への人生のパノラマ

を描き出すという心理的で隠喩的な時空間移動に繋がっている。

5 『カンタベリー物語』の時空間移動の例証

『カンタベリー物語』の最初と最後の部分を取り上げ，また中間の部分としてはEllesmere MSの順序であるFragment III, IV, Vを取り上げ，時空間移動の観点から分析してみよう。

（1）『カンタベリー物語』の最初と最後の部分

4) は『カンタベリー物語』の総序の冒頭部分である。(チョーサーのテクストはBenson 1987に拠る。)

4) When that Aprill with his shoures soote　4月のここちよい雨　（下線は筆者）
　　The droghte of March hath perced to the　生殖のイメージ
　　　roote,
　　And bathed every veyne in swich licour　液体
　　Of which vertu engendred is the flour;　創造
　　Whan Zephirus eek with his sweete breeth　西風 (春先に吹く偏西風)
　　Inspired hath in every holt and heeth　inspired: breeze forth, inspire
　　The tendre croppes, and the yonge sonne　柔らかい蕾
　　Hath in the Ram his half cours yronne,　十二宮図: 若い太陽が白羊宮の (後)
　　And smale foweles maken melodye,　半分の....
　　That slepen al the nyght with open ye

(So priketh hem nature in hir corages),   　　生殖 corage:heart, courage, desire
Thanne longen folk to goon on pilgrimages,
And palmeres for to seken straunge stron-   　様々な聖地に巡礼にでかける
　　des,
To ferne halwes, kowthe in sondry londes;
And specially from every shires ende
Of Engelond to Caunterbury they wende,   　　特にイギリスの各地からカンタベリーへ
The hooly blisful martir for to seke,   　　　聖人 Thomas à Becket (c1118-70)
That hem hath holpen whan that they   　　　の御利益を求めて
　　were seeke.
　Bifil that in that seson on a day,
In Southwerk at the Tabard as I lay,   　　　ロンドンのサザックの宿に巡礼者が集まる
Redy to wenden on my pilgrymage
To Caunterbury with ful devout corage,
At nyght was come into that hostelrye
Wel nyne and twenty in a compaignye   　　　29人の巡礼者がカンタベリーへ
Of sondry folk, by aventure yfalle
In felawshipe, and pilgrimes were they alle,
That toward Caunterbury wolden ryde.   　　　GP I(A) 1-27

（四月がそのやさしきにわか雨を三月の日照りの根にまでしみ通らせ，樹液の管ひとつひとつをしっとりとひたし潤し花も綻びはじめるころ，西風もまたその香しきそよ風にて雑木林や木立の柔らかき新芽に息吹をそそぎ，若い太陽が白羊宮の中で行路の半ばを急ぎ行き，小鳥たちは美わしき調べをかなで夜を通して眼をあけたるままに眠るころ，―かくも自然は小鳥たちの心をゆさぶる―ちょうどそのころ，人々は巡礼に出かけんと願い，棕櫚の葉もてる巡礼者は異境を求めて行かんと冀う，もろもろの国に知られたる遙か遠くのお参りどころを求めて。とりわけ英国各州の津々浦々から人々はカンタベリーの大聖堂へ，昔病めるとき，癒し給いし聖なる尊き殉教者にお参りしようと旅に出る。桝井迪夫訳。以下『カンタベリー物語』の訳文は全てこれに拠る。）

4) は，時空間移動の観点から見ると，出発点のイメージを

多分に凝縮している。ロンドンが，カンタベリー詣でをする人々が「英国各州の津々浦々から」集まる中継点であり，そこからケント街道を辿って彼らは巡礼に出かけるのである。時間的には春であり，巡礼はまさしく春に始まるのである。春の4月であるが，季節感からくる経験的な描写の上に神話的伝統(西風：Zephirus 5)や天文学(十二宮図：the yonge sonne / Hath in the Ram his half cours yronne 7-8)等のコンヴェンションを重ね合わせ，陰影深い描写となっている。Brewer (1978: 25) は，春を巡礼との関係で，5)のように述べている。

5) It is exactly right for the pilgrimage, just as it is right that the pilgrimage takes place in spring, the time of new life, new venture, and natural that part of its reason is to give thanks for recovery from past sickness.

春は，新しい生命が宿り，寒い冬から解放されて新しい冒険を行うのにふわしい時期である。4)の描写の冒頭行に液体を表す語が繰り返されている。上から順に「雨」shoures (1)，「しみ通らせる」perced (2)，「ひたし潤す」bathed (3)，「(樹液の) 管」veyne (3)，「樹液」licour (3) である。文字通りには4月の雨に言及するが，隠喩的には人間の生命の誕生を表すものである。このような水を表す語と同時に生殖を表す語が使われていることには注意を要する。「突き刺す」perced (2)，「創造される」engendred (4)，「メロディーを奏でる」(鳥のつがい；性的な含意) maken melody (9)，「刺

す」priketh (11),「自然,本能,(語源)誕生」nature (11),「心の中に宿る諸々の感情：情欲,勇気,性的衝動」corages (11)。更に言うと,詩人は春に対して躍動する感覚を形容詞で規定してもいる。「ここちよい雨」shoures soote(1),「香しい息」sweete breeth (5),「柔らかい蕾」tendre croppes (7) がそれである。以上見てきた液体のイメージ,生命の誕生・生殖への言及,また躍動感を表す形容詞の表現は,巡礼行に期待される病気からの解放,あるいは新たな生の営みに係わっている。時空間移動の出発点を飾るにふさわしい叙述である。

　カンタベリー大聖堂に巡礼する時空間の移動は,6) のように,ロンドンから離れ徐々にカンタベリーに近づく要所で（物語のリンクあるいは物語の序論）で言及されている。地名及び時間に関する英語の注釈は Benson (1987) に拠る。

6) a.Lo Depeford, and it is half-wey pryme! RevP I (A) 3906
　　（みろ,デットフォードじゃもう朝も七時半を過ぎたところだ。）
　　Depeford: Deptford, about five miles from London
　　half-wey pryme: about 7:30 a.m.
　　OED s.v. prime 1. One of the Day Hours of the Western Church: a Canonical Hour of the Divine Office, appointed for the first hour of the day (beginning originally at 6 a.m., but sometimes at sunrise. Prime is one of ... 'Little Hours' (*prime, tierce, sext, none. and compline*)... c961– 2. Hence, in general use, The first hour of the day, beginning either at six o'clock throughout the year, or at the varying time of sunrise.

b. Lo Grenewych, ther many a shrewe is inne! RevP I (A) 3907
   (さあグリニッジだ。そこにゃ何人も悪いやつがいるからなあ。)
   Grenewych: Greenwich (where Chaucer was probably living) about a half mile past Deptford

c. Oure Hooste saugh wel that the brighte sonne
    The ark of his artificial day hath ronne
    The ferth part, and half an houre and moore,
    And though he were nat depe ystert in loore,
    He wiste it was the eightetethe day
    Of Aprill, that is messager to May;
    And saugh wel that the shadwe of every tree
    Was as in lengthe the same quantitee
    That was the body erect that caused it.
    And therfore by the shadwe he took his wit
    That Phebus, which that shoon so clere and brighte,
    Degrees was fyve and fourty clombe on highte,
    And for that day, as in that latitude,
    It was ten of the clokke, he gan conclude,
    And sodeynly he plighte his hors aboute. Introd. to ML II (B1) 1-15

    (わが宿の主人は，輝く太陽がもう一日の四分の一も過ぎて，半時以上も経ったのを見てとりました。彼は天文学には深くは通じていませんでしたけれど，今日は五月の先触れである四月の第十八であると知っていました。そしてどの木の影も，その影を作り出すまっすぐ立った木と長さが同じなのを見てとりました。そこでその影によって，彼はこの非常に明るく光輝く太陽が四十と五度の高さに昇っているのだと計算しました。そして当日は緯度でいうと時計の十時にあたると結論いたしました。突然彼は馬をぐるりと廻して....)

d.　"Now elles, Frere, I bishrewe thy face,"
　　Quod this Somonour, "and I bishrewe me,
　　But if I telle tales two or thre
　　Of freres er I come to Sidyngborne
　　That I shal make thyn herte for to morne,
　　For wel I woot thy pacience is gon." WBP III (D) 844-9
　　（「さて，もしそうでなきゃ，托鉢僧め，おまえの顔を呪ってやらあ」とこの召喚吏は言いました。「それでわしがシュッティングボーンに着く前に托鉢僧の話を二つや三つしないなら，このわしも呪われてあれだ，それでおまえの心を呻かせるような話をしないならな。だってわしはお前の我慢の糸も切れたってことを知っているからなあ」）

　　　Sidyngborne: Sittingboune, a town between Rochester and Canterbury, about 40 miles from London

e.　Loo, Rouchestre stant heer faste by! MkP VII 1926
　　（さあ，ロチェスターもすぐそばですぞ！）
　　　Rouchestre: Rochester, about thirty miles from London.

f.　Whan ended was the lyf of Seinte Cecile,
　　Er we hadde riden fully fyve mile,
　　At Boghtoun under Blee us gan atake
　　A man that clothed was in clothes blake, CYP VIII(G)554-7
　　（セシリア聖人の生涯の話が終わったとき，われわれが五マイルも行かないうちにブーフトン・アンダー・ブレーでわたしたちに追いついた男がありました。この男は黒い衣服を着ており……）
　　　Boghtoun under Blee: Boughton under the Blean Forest, about five miles from Canterbury

g.　Woot ye nat where ther stant a litel toun

Which that ycleped is Bobbe-up-and-doun,
Under the Blee, in Caunterbury Weye? MancP IX (H) 1-3
　(皆さんは，カンタベリー街道のブレーの森のすぐ側の，ボブ・アップ・アンド・ダウンと呼ばれる小さな村が，どこにあるか知っておられますか。)

Bobbe-up-and-doun: Harbledown, two miles from Canterbury
bob: to move up and down

h.　By that the Maunciple hadde his tale al ended,
The sonne fro the south lyne was descended
So lowe that he nas nat, to my sighte,
Degrees nyne and twenty as in highte.
Foure of the clokke it was tho, as I gesse,
For ellevene foot, or litel moore or lesse,
My shadwe was at thilke tyme, as there
Of swiche feet as my lengthe parted were
In sixe feet equal of proporcioun.
Therwith the moones exaltacioun—
I meene Libra—alwey gan ascende
As we were entryng at a thropes ende; ParsP X (I) 1-12
　(賄い方が彼の話をすっかり終わってしまうまでに，太陽は子午線からずいぶん低く降りてきましたので，わたしの見たところ，高さが二十と九度もありませんでした。その時は時計では四時であったとわたしは想像します。というのはわたしの影がその時は十一フィートかそこらでしたから。つまり，割合でいくと，わたしの背丈六フィートに対して十一フィートの影になっていたというわけでした。それとともに月の宮は—つまり天秤座のことですけれど—わたしたちが村のはずれに入って来るころ，その間じゅう水平線を昇っていました。)

『カンタベリー物語』にみる旅　117

exaltacioun: zodiacal sign in which a planet has its strongest influence
thrope: village

i. But trusteth wel, I am a Southern man;
　I kan nat geeste 'rum, ram, ruf,' by lettre,
　Ne, God woot, rym holde I but litel bettre;
　And therfore, if yow list—I wol nat glose—
　I wol yow telle a myrie tale in prose
　To knytte up al this feeste and make an ende.
　And Jhesu, for his grace, wit me sende
　To shewe yow <u>the wey, in this viage,</u>
　<u>Of thilke parfit glorious pilgrymage</u>
　<u>That highte Jerusalem celestial.</u> ParsP X(I) 42-51
　（だが，よろしいですか，わたしは南の方の人間です。わたしは「ル
　ム，ラム，ルフ」といったような頭韻の詩で物語をすることはでき
　ません。かといって，神様もご存じですが，脚韻を踏む詩だってそ
　れよりも上手だとも考えていません。そこでお望であるなら—わた
　しは聖書の言葉を解釈しようなどとも思っていません—わたしはこ
　の話の饗宴を締めくくって終わりとするのに，ひとつ楽しい話を散
　文でお聞かせするとしましょう。イエス様，その恩寵にすがってど
　うか，この旅路で天なるエルサレムと呼ばれる，かの完全で栄光に
　満ちた巡礼の路を皆さんに示す知恵をお与え下さいませ。）

j. Thanne shal men understonde what is the fruyt of penaunce;
　and, after the word of Jhesu Crist, it is the <u>endelees blisse</u>
　<u>of hevene,</u> / <u>ther joye hath no contrarioustee of wo ne gre-</u>
　<u>vaunce</u> ... ther as <u>the body of man, that whilom was foul and</u>
　<u>derk, is moore cleer than the sonne;</u> ParsT X (I) 1076-8
　（そこで人々は悔い改めの果実が何であるかを理解しなければなり
　ません。イエス・キリストの言葉に従えば，それは天の終わること
　のない至福であります。そこでは喜びが，悲しみや苦しみという逆

のものをもちません....そこではかっては汚れて暗愚であった人の体が今では太陽よりも明るく輝いています。)

6)g はカンタベリー大聖堂に着く直前の描写である。『カンタベリー物語』の最後から二つ目の作品,「賄い方の話」の序である。Bobbe-up-and-doun (MancP IX (H) 2) の地名は,上がったり下がったりの物理的な状況を反映した地名である。しかし,同時に4で述べたように,「賄い方の話」で登場するPhebus の倒錯した世界,心理的な時空間でもある。その分『カンタベリー物語』最後を締めくくる「教区司祭の話」の罪の告白と罪の浄化,そして天上の至福の話は,一層の際立ちが与えられることになる。6)h は,「賄い方の話」が終わって,「教区司祭の話」が始まる直前に言われている。太陽は子午線から低く低下し,午後4時頃で,影はのびてゆき,月の宮,つまり,天秤座が昇っていた。巡礼者は村のはずれにかかっている。時空間の観点から見ると,4)の総序の描写とは対照的である。「総序」では巡礼の出発は日の出と共に行われ(6)a から逆算してわかる),ここでは日が沈み,月が昇るところである。また4)の喧噪のロンドンが,ここでは村の周縁である。天秤座 (Libra ParsP X (I) 11) の導入は,隠喩的には「罪の秤」を表し,「教区司祭の話」での7大罪の罪の重みを計ることに繋がるものである。また村のはずれ (a thropes ende ParsP X (I) 12) は,隠喩的には人間の旅の終わり,地上生活の周縁,天上への境目にいることを表すものである。

6)i では，地上から天上への移行点，地上の時空間から最終段階の時空間への行程「この旅路で天なるエルサレムと呼ばれる，かの完全で栄光に満ちた巡礼の路」が示されている。6)j は「教区司祭の話」の最後の場面である。人間の罪を浄化した後の天上の至福が示されている。天上 (hevene) での幸せは，地上の時間の限界点を脱した，永遠の幸せ (endelees blisse) である。物理的な移動を伴わない，普遍的な真理の時間への到達である。そこでは汚く黒かった体が，太陽以上に光輝いている。4) の物理的な太陽の輝きは，ここでは罪の浄化した霊的な光り輝きに変わっている。

以上，『カンタベリー物語』の最初と最後の部分に着目し，字義的な時空間移動と心理的な時空間移動を検証した。

（2）『カンタベリー物語』の旅の「過程」: Fragment III, IV, V のテーマ

聴衆・読者はカンタベリー大聖堂に行く道すがら，物語の語り手によって道案内され，人生の色々な側面を見，経験を深めてゆく。Fragment III, IV, V に共通するモチーフないしテーマである中世の重要な美徳「気高さ」(gentilesse) もその一つである。「気高さ」は持続的かつ相対的に提示されている。Fragment III の「バースの女房の話」は，「気高さ」の概念の正道を明らかにしている。Fragment IV の「貿易商人の話」は，全く「バースの女房の話」とは逆で，「気高さ」の正道からの逸脱，その価値の低落を露呈している。そして Fragment V の「郷士の話」は，「貿易商人の話」とは対照

的に，低落した「気高さ」の回復を描いている。このように「気高さ」の価値が，高められ，低められ，また高められ，とシーソーリズムの形で聴衆・読者に提示されている。(Rogers (1986) は，Fragment III, IV, V のテーマを 'The Value of Earthly Experience' としてまとめている。)

聴衆・読者はそれぞれの話で，「気高さ」を経験するそれぞれの時空間が与えられている。「バースの女房の話」は，古のアーサー王宮廷の騎士にまつわる話で，「ガウエイン卿と緑の騎士」の話のように，騎士は課題を与えられ，その問題解決を 1 年以内に行うよう義務付けられ，探索の旅に出る。「貿易商人の話」は，イタリアのロンバルディアが舞台で，主人公の騎士，Januarie の結婚生活が描かれている。この営み（冒険）の中で，次々と彼の無知が露呈され，無知の知には至らずに閉じられている。「郷士の話」は，フランスの西海岸ブルターニュが舞台で，登場人物は「気高い」行為に関して，いずれが真で，いずれが偽かを選択するよう要請されている。それぞれがより真なる価値を探り，それに開眼する話である。聴衆・読者はこのような物語の時空間の移動を通して，共通した主題がいかに相対的に扱われているかを経験し，視野を拡げる機会を得る。物語の多様な時空間移動は，聴衆・読者にとっては視野を拡げるための心理的な時空間移動でもある。

具体的に考察する前に，「気高さ」(gentil/gentilesse) がどのような意味・価値を持っているのか見てみよう。OED と MED は 7) のように規定している。

7) OED s.v. gentle [a. OF. *gentil, jentil*, etc. high-born, noble. L. *gentilis* belonging to the same *gens* or race, f. *genti-, gens* race, family. The sense 'belonging to a good family' common to the Rom. tongues is not found in Latin.]

A. adj.

1.a. Of persons: Well-born, belonging to a family of position; originally used synonymously with noble, but afterwards distinguished from it, either as a wider term, or as designating a lower degree of rank. a1225–1840

*b. An epithet applied to persons of distinction. *Obs.* (Mainly in alliteration) a1400-50-1567

c. Of an animal: Of excellent breed or spirit 1340-1833

*d. Of things: Noble, excellent. *Obs. rare.* 13..-1556

2. a. Of birth, blood, family, etc.: Honourable, distinguished by descent or position, belonging to the class of 'gentlemen'. a1300-1870

3. a. Of persons: Having the character appropriate to one of good birth; noble, generous, courteous. Freq. in the phrase *a gentle knight*. Now only *arch*. 1297-1871

*c. Of language, actions, character, etc.: Courteous, polite. c1385-1653

4.a. Of fruit, a tree, etc.: Cultivated, domesticated (opposed to wild). Now *rare*. (? *arch*.) c1420-1871

*5. Not harsh or irritating to the touch; soft, tender; yielding to pressure, pliant, supple. *Obs*. 1555-1679

6.a. Of the weather, wind, etc. Not stormy, violent, or severe. gentle gale. 1585-1867

7. a. Moderate in operation, intensity, rate, or the like; esp. a gentle heat. 1626-1840

8. Of persons: Mild in disposition or behaviour; kind, tender. Also of language, actions, etc. Freq. in phr, *a gentle hint. the gentle(r) sex*: the female sex. 1552-1922

MED s.v. gentil

1. (a) Of noble rank or birth, belonging to the gentry, noble; — often implying character or manners befitting one of gentle birth; — also used of Christ c1225—; (b) ~ blod ... c1300—
2. (a) Having the character or manners prescribed by the ideals of chivalry or Christianity; noble, kind, gracious, etc. a1250–; (b) courteous, well-bred, charming; graceful, beautiful, handsome a1325–; (c) used ironically. c1387-95
3. (a) Belonging to a person of rank; also, suitable to a nobleman; noble, gracious, refined, graceful, beautiful; ~ herte, ~ bodi, ~ face, ~ hond, etc. c1325—; (b) of animals, birds, bees, fish: of excellent breed or kind; superior, excellent, fine a1300—; (c) of things: excellent, superior 1340—; (d) of qualities, actions, words, behavior: noble, gracious, kind, generous c1385—
4. Pagan, heathen c1400—

gentilの語源は，ラテン語の「同じ種族・家族の生まれある」で，英語には13世紀初めに，古フランスの「身分の高い生まれの」を経由して取り入れられている。英語では，「身分の高い生まれである」からそのような生まれの人にふさわしい精神「気高い」「寛大な」のような意味を派生させる。この語は，連語の幅を着実に拡げ，人そのものへの言及から，人の血統，性格，感情が宿る器官(herte)，更には人の言葉，態度振る舞い，表情，人の容貌にも及んでいる。また人間に

関係するだけでなく動物，物にも適用されている。そして，初期近代英語からは，「柔らかい」，「しなやかな」，「穏和な」のような個人の心情に限定された意味を発達させている。

このように gentil は色々な意味を持つ可能性があるが，それらを Chaucer が実際どのように使ったかは別問題である。OED 3.a. Of persons: Having the character appropriate to one of good birth; noble, generous, courteous に「良い生まれにふさわしい (appropriate) 性格」とあるが，このふさわしさは程度問題で，使用者の判断が伴う問題である。特に gentil のような理想像を想起させる語は，実際の行動がそれを満たすかどうかはあやしく，判断次第でその価値は大きく揺れる可能性がある。

この語が話者や聞き手の判断を伴うことは，8) の Burnley (1979) に鋭く指摘されている。

8) Burnley (1979: 170): In the *gentil* man, then, we have the spectacle of a moral ideal insecurely founded and perpetually poised on the edge of chaos. The tyrant and the churl, the saint, the philosopher and the just king were all in their own ways static and invariable symbols of moral good or evil according to the estimation of one ethical system or another, but the *gentil* man was a dynamic symbol poised between the tyrant and the philosopher, and as such closer to human nature as it was ordinarily experienced.

Burnley (1979) は，場の理論の考えを援用し，ラテン文化から継承された 2 つの人物像に注目している。一方に善悪の

基準がはっきりしている,暴君,聖人,哲学者,他方に善悪の基準が不明瞭な「気高い人」を挙げている。暴君と哲学者のイメージは固定的で不変であるが,他方,「気高い人」のイメージは,暴君と哲学者の中間にあって,経験や生身の人間性が反映し,どうちらに傾くか不安定である。「気高い人」は,感情と理性の微妙な均衡関係に上に成り立つからである。この「気高い人」の不安定さは,『カンタベリー物語』のFragment III, IV, V に際だった形で描出されている。以下,具体的に検証してみよう。

「バースの女房の話」は次の通りである。古のアーサー王宮廷の若い騎士が女性を犯す。法律では死刑になるところ,女王と老女に条件付きで命を救われる。つまり,1年以内に「女性は何を最も望んでいるか」を答えることができれば,というのが条件である。彼はこの課題を探求するために旅に出る。旅の最後に老女から「男性を支配することである」という正解を得る。しかし,その代償として彼女との結婚が義務付けられる。年老いた妻は若い夫に対し 'curtain lecture' で「気高さ」の正道を教え諭す。この正道は,「気高さ」は生まれではなく,「気高い」行為をするものが「気高い」,つまり,「気高さ」の源泉は神にある,というものである。

9) Thy *gentillesse* cometh fro God allone. (イタリックは筆者)
   Thanne comth oure verray *gentillesse* of grace; WBT III (D) 1162-3
   (あなたの気高さはただ神様から由来するものです。そこでわたしたちの真の気高さも神の恩寵から由来するものです。)

> Reedeth Senek, and redeth eek Boece;
> Ther shul ye seen expres that it no drede is
> That he is *gentil* that dooth *gentil* dedis. WBT III(D) 1168-70
>
> (セネカを読んでごらんなさい。また，ボエティウス読んでごらんなさい。気高い行いをする人こそ気高い人である，それに疑いはない，とはっきり書かれているのを見られるでしょう。)

この主張は封建主義社会の中世において革新的に見えるが、中世において既に容認された見解で、材源としてダンテ、ボエチュウス、ジャン・ド・マンが挙げられる（Benson (1987: 635) を参照)。チョーサーのテクストでは，The Short Poems の一つ「気高さ」(*Gentilesse*)，ボエチュウスの『哲学の慰め』(*Boece* 3.p.6. 32, 35, 39, 41, 44, 45, 47, 3.p.9. 9 — 栄光 (glorie) の一つ，気高さ (gentilesse) はただ名声や血筋からきているとすると異質なもの (foreyne thing) になる，それは権威者の功績に即して賞賛されるものである—,「バースの女房の話」，また『カンタベリー物語』最後から二番目の作品,「賄い方の話」で主張されている。「賄い方の話」においては，短い話の中にチョーサーは重要な概念をいくつも畳みかけている。真面目と遊び，人間の避けられない性 (161-2)，言葉と行動の一致 (The word moot cosyn be to the werkyng 208),「気高さ」の正道 (間違ったことをすれば気高い者 (gentile) とふしだらな女 (wench/lemman) に違いはない 212-5)，沈黙の大切さ (真実だから言えばよいというものではない 315) である。このような一連の重要な概念の

一つに「気高さ」が取り上げられていることは、チョーサーのこの概念に対する意識の強さが感じ取れる。チョーサーは大陸文化（ボエチュウス、ダンテ、ジャン・ド・マン）に接することで、いち早く「気高さ」に対して自由な考え方、生まれという偏見に囚われない考え方を持つことができた。

しかし「気高い」行為をするものが「気高い」ということを仮に認めるとしても、この原理・原則をどのように運用するかとなると必ずしも明確ではない。原理・原則に対して、誰が誰に、またどのような判定基準で「気高い」のか、また誰が誰にそのように言っているのか、この語のどの意味にハイライトが当てられているのか、あるいはこの語はそもそも妥当なのかどうか、と中身を埋めてゆくと、その意味価値は大きな振幅で揺れ動く。チョーサーの特徴はむしろこの振幅の大きさにあると言っても過言ではない。

このような振幅の中で、Fragment IV の「貿易商人の話」を見てみよう。「貿易商人の話」は、イタリア、ロンバルディアの年老いた騎士 Januarie と若い May の結婚、そして若い妻と夫の近習 Damyan が起こす浮気 (adultery) を描いたものである。物語は結婚生活の営み（冒険）の中で、Januarie の無知が繰り返し暴かれる形で展開する。彼は結婚前、妻を外面的にまた内面的に理想化する。「気高さ」(gentilesse) は、10) に示すように、そのような美徳の一つである。

10) And whan that he was in his bed ybroght,
   He purtreyed in his herte and in his thought

Hir fresshe beautee and hir age tendre,
　　Hir myddel small, hire armes longe and sklendre,
　　Hir wise governaunce, hir *gentillesse*,
　　Hir wommanly berynge, and hire sadnesse. MerT IV (E)
　　　1599-604
　（そして彼が寝床に入った時に，彼は自分の心と自分の空想のうちに彼女のことを思い描きました。彼女の若々しい美しさ，彼女の年若い年齢，彼女の小さな腰，彼女の長くてすらりとした腕，彼女の慎重なふるまい，彼女の心の気高さ，彼女の女性らしい物腰，そして彼女の誠実さを。）

しかし，Januarie が結婚し，物語が肉付けされてゆくと，彼の妻 May は彼を裏切り，彼女は夫の近習 Damyan に「気高い」(「優しい」) ことが明らかになる。

　11) は Januarie が病に伏している近習の Damyan に同情し，「彼は気高く（優しく），賢く，慎重で，秘密を守り．．．．」と誉めあげるところである。

　11)　"That me forthynketh," quod this Januarie,
　　　　"He is a *gentil* squier, by my trouthe!
　　　If that he deyde, it were harm and routhe.
　　　He is as <u>wys</u>, <u>discreet</u>, and as <u>secree</u>
　　　As any man I woot of his degree,
　　　And therto <u>manly</u>, and eek <u>servysable</u>,
　　　And for to been a <u>thrifty</u> man right able.
　　　But after mete, as soone as evere I may,
　　　I wol myself visite hym, and eek May,

To doon hym al the confort that I kan." MerT IV (E) 1906-15

（「それは残念なことだ」とこのジャニュアリィは言いました。「彼は地位の高い近習だ。私の真実にかけて言う！もし彼が死んだりなどすれば，それはとても悲しいことだ。彼の地位のものでわたしの知る限り，どんな人にも負けぬくらい賢くて慎重で，それに信頼のおける者だ。その上男らしくて，まめまめしく勤めている，しかも前途有望な男だ。ひとつ，食事のあとなるべく早く自分で彼を見舞ってやることにしよう。また，メイにもそうさせよう。十分の慰めを彼に与えるために。」）

聴衆はJanuarieの近習，Damyanが彼の妻Mayに恋し，病んでいること，すぐ身近にいるものが裏切り者になるということが既に知らされている。以後，予想通り，MayのDamyanへの同情と優しい態度，そして二人の肉体的な結び付きへと展開する。このようなことを全く知らないJanuarieは，Damyanの病気に同情し，Mayに向けて言う。「主人の自分に対して温情深く・忠実で，秘密を守り，男らしく，よく奉仕してくれ....」（上記の翻訳では，gentil squier は「地位の高い近習だ」である。）他方，MayとDamyanの裏切り行為を知らされている聴衆は，Januarieには見えない，彼があってほしくないと思っている近習Damyanと若い妻Mayの浮気に関係付けて読むよう促される。「恋人のMayに優しく寛大で，男っぽい魅力があり，愛の奉仕に積極的で....」と。

読者がファブリオーの方向に視点を押し進めてゆくと，gentilの語源的な意味が復活し，「子作りに勤しむ」，「子供の誕生に貢献する」の意味が浮かび上がってくる。近習はこの誕

『カンタベリー物語』にみる旅　129

生に協力するわけである。この子供の誕生は Januarie が世継ぎを期待して結婚したことを考慮すると，これも彼が思ってもいない期待の実現である。

「気高い（優しい）」は，May が Damayn に示す哀れみの情にも使われている。

12)　Heere may ye se how excellent <u>franchise</u>
　　In wommen is, whan they hem narwe avyse.
　　Som <u>tyrant</u> is, as ther be many oon　　　　*gentil* man と対
　　That hath an herte as hard as any stoon,　　極にあるイメージ
　　Which wolde han lat hym sterven in the place
　　Wel rather than han graunted hym hire <u>grace</u>,
　　And hem rejoysen in hire <u>crueel</u> pryde,
　　And rekke nat to been an <u>homycide</u>.
　　　This *gentil* May, fulfilled of <u>pitee</u>,
　　Right of hire hand a lettre made she,
　　In which she graunteth hym <u>hire verray grace</u>.
　　Ther lakketh noght oonly but day and place
　　Wher that she myghte unto his lust suffise,
　　For it shal be right as he wolde devyse.
　　And whan she saugh hir tyme, upon a day
　　To visite this Damyan gooth May,
　　And sotilly this lettre doun she threste
　　Under his pilwe; rede it if hym leste.
　　She taketh hym by the hand and harde hym twiste
　　So secrely that no wight of it wiste,
　　And bad hym been al hool, and forth she wente

> To Januarie, whan that he for hire sente. MerT IV (E) 1987-2008

（ここであなたがたは，女性にはなんとすばらしい寛容の心があるかおわかりでしょう。彼女らが熟慮する場合には，石のように固い心をもった女の暴君がいます。多分その例も多いことでしょう。その女の暴君は愛人に恩寵を嘉納するどころか，むしろその場で死なせたいと思ったり，誇り高い残酷さの気持ちに有頂天になって，殺人者となることも意に介したりしないのです。ところが，憐れみの心溢れるこの気高くも優しいメイは，まさに自ら手紙をしたため，彼に対して彼女の真実の恩寵を嘉納したのです。手紙には何も欠けているものはありませんが，ただ彼女が彼の欲望に満足を与えることのできる日と場所だけが書いてありませんでした。それというのも，彼の計画するとおりになるでしょうから。そして頃合を見計らって，とある日このダミアンを見舞いにメイは行きます。そして巧みにこの手紙を彼女は枕の下に押し込みました。彼が好きなときに読むように，というわけで。彼女は彼の手をとって，誰にも気付かれないようにこっそり強く握りしめました。そして，彼がすっかり元気になるようにと言いました。ジャニュアリィが彼女を呼びにやると彼女は彼のもとに行きました。）

May の Damyan に対する「気高い（優しい）」行為は，恥じらいもためらいもない。すぐに Damyan に情けを示している。この点で宮廷貴婦人の Criseyde のためらいとは一線を画する（中尾 2004 参照）。12) で暴君 (tyrant) の特徴と情けや寛大さが対比されている。Burnley (1979) が指摘するように，*gentil* man は聖人と暴君の間で，不安定な概念である。読者が May と Januarie に対して等距離で見れば，Januarie が精神的ではなく肉体的に May を求めてゆけば，May も精神的ではなく肉体的に Damyan を受け入れてゆく。

『カンタベリー物語』にみる旅　131

　Januarie の無知は、遂には彼の目にも及び、盲目になる。Januarie の嫉妬心はいや増し、May をより拘束状況に置く。彼は二人の愛の営みのために庭園を作る。その庭に May は Januarie を巧みに誘い込む。そこでは打ち合わせ通り Damyan が待っている。May は、庭の中で、夫 Januarie に忠実であるよう要請される。彼女は、自分は「気高い」のであり、あばずれ女 (wench) ではないと応える (I am a *gentil* wommam and no wenche. MerT IV (E) 2202)。

　このように言うや否や Damyan に梨の木の上に登るよう合図する。そして妊娠を装い梨の実が食べたいと言う。Januarie はこの言葉に喜んで木に対して屈み込む。May は彼の背中に上がって、梨の木に登る。そしてそこに待っている Damyan と結ばれる。Januarie は May の言葉でコントロールされ、実体とは真反対の現象を作り上げる。

　ちょうど二人が結ばれている時、地獄の神 Pluto の預言で Januarie は目が見えるようになる。しかし地獄の女神である Proserpina の予言で May は巧みに言い逃れることができる。Januarie は性交の現場を見て驚嘆するが、May は彼の目を治すために「男ともがき奮闘した」(strugle 2374)、目を治すために「優しい」(kynde 2389) 振る舞いをしたのだ、と言う。kynde は gentil と類義的で、しかも同語源でもある。May は、「(夫に) 親切であった・妻として忠実であった」と言う。Januarie は、最初妻の説明に抵抗するが、徐々に彼が見た事実、性交は「見たように思えた」(me thoughte he dide thee so 2386) と、見解の地位に後退する。遂に妻の言葉にコ

ントロールされる。彼はMayの表現kyndeを通して，彼女の行動を再構築する（新たな現象を作る）ことになる。現象自体が言葉を作るのではなく，言葉が現象を作るのである。

では全体を見通している聴衆・読者はどうであろうか。kyndeは，夫Januarieに対してではなく，Damyanに対して作用していると読み取る可能性がある。つまり，「Damyanに対して本能のおもむくままに動いた」と。（kyndeの語源は「生まれたままの」，「自然の」である。）またこの延長線上には本能的な行為の結果としての「子供の誕生」，kyn (paronomasia) がある。更に言えば，gentilとkyndeが同語源で，共に「生まれる」に関係していることを知っている読者は，一見無関係に思える語が，この作品の主題（結婚生活，世継ぎ）の連続性の中で結び付き，それらの陰影を一層深めて読み取るかもしれない。（Grimmの法則でgがゲルマン語でkになったものである。尤も詩人がこのことを意識したかどうかはわからない。）

以上，Januarieが精神的にも物理的にも無知に描かれ，高い立場にいる読者の批判を許し，その反発の度合いに応じて，gentilの倍音が大きく拡がることを検証した。

最後にFragment Vの「郷士の話」を見てみよう。物語の骨子はこうである。ブルターニュの騎士Arveragusが修行の旅に出，妻のDorigenが留守を守っている時，彼女は海に浮かぶ黒い岩のぶきみさに思い悩む。近習のAureliusが彼女に求愛する。彼女は求愛にたまりかね，ぶきみな岩がなくなったら彼に恋を叶えてやろうと約束する。近習は，学者

にお金で頼み，魔法で岩が消えたようにみせかけてもらうことに成功する。近習は約束通り Dorigen に恋を叶えてくれるように求める。この約束の履行を契機に，Dorigen の夫 Arveragus，近習 Aurelius，そして最後に学者が，それぞれ真に「気高い」行為とは何か，選択を強いられる。「気高さ」の判断に伴う真偽の葛藤にハイライトが当てられている。これは聴衆・読者には「気高さ」の真偽を探究する冒険でもある。結論的に言うと，いずれの人物もより次元の高い立場に立ち，それを真なる「気高さ」として選択する。

まず夫 Arveragus から見てみよう。13) では夫 Arveragus は妻 Dorigen に約束を守ることの大切さを主張する。

13) Ye shul youre *trouthe* holden, by my fay! FranT V (F) 1474
(わたしの真実にかけて，あなたは約束を守らなければなりません！)
Trouthe is the hyeste thyng that man may kepe"— FranT V (F) 1479
(誓った約束こそ人の守ることのできる最高のものなのだ。)

Arveragus は，妻が夫である自分に「気高く」振る舞うよう求めるか，それとも彼女が Auerilus との約束を守るという「気高い」行為に応ずるか。一つの関係を真として立てれば，もう一つは偽りになるという緊張関係が生じる。彼は妻が Aurelius との約束を守る方を選択する。

近習の Aurelius の場合はどうか。Dorigen が自分との約束を守るのを選ぶか，それとも彼女の夫の「気高い」行為に鑑

み，彼女が夫に対して「気高く」あり続ける方を選ぶか。彼は自分の願望を諦め，彼女を許し，彼女が夫に対して「気高さ」を守ることを選択する。

14) And in his herte he caughte of this greet routhe,
　　Considerynge the beste on every side,
　　That fro his lust yet were hym levere abyde
　　Than doon so heigh a cherlyssh wrecchednesse
　　Agayns franchise and alle *gentillesse*;
　　For which in fewe wordes seyde he thus:
　　　"Madame, seyth to youre lord Arveragus
　　That sith I se his grete *gentillesse*
　　To yow, and eek I se wel youre distresse,
　　That him were levere han shame (and that were routhe)
　　Than ye to me sholde breke thus youre trouthe,
　　I have wel levere evere to suffre wo
　　Than I departe the love bitwix yow two. FranT V (F) 1520-32

　（彼は心の中で二人のことに非常な憐れみを覚えました。そしてあらゆる点でどのようにしたら一番よいかを考えました。気高い寛容と優しい心情に背くような，こんなひどく卑劣な，卑しい行為を行うよりも，自分の快楽を抑えた方がむしろよいことだと思いました。そこで彼は言葉すくなにこのように言いました。「奥様，あなたのご主人アルヴェラーグス様にこうおっしゃって下さい。わたしはご主人のあなたに対する非常に気高い優しさがわかります。またあなたの悲しみもよくわかります。なぜならあなたがわたしに対して約束を破られるのよりも，むしろ辱めを受けた方がいいとご主人は思われているのですから——それはなんと哀れなことでしょうか。こういうわけでわたしもあなたが二人の間の愛情を断ち切る

よりも，むしろ自ら悲しみに耐えた方がよいと思います。」
　　Thus kan a squier down a *gentil* dede
　　As wel as kan a knight, withouten drede." FranT V (F) 1543-4
　　(このようにして，騎士と同じように近習も気高く優しい行為をすることができるというものです，疑いもなく。)

最後に学者はどうだろうか。Aurelius に対して約束通りお金を払うよう求めるか，それともお金のことは帳消しにするか。ちょうど騎士 Arveragus と近習 Aurelius が共に自己の思いを放棄したように。彼は Aurelius の借金を帳消しにする方を選ぶ。

15)　He seide, "Arveragus, of *gentillesse*,
　　Hadde levere dye in sorwe and in distresse
　　Than that his wyf were of hir trouthe fals." FranT V (F) 1595-7
　　(彼は言いました，「アルヴェラーグスは，気高い心から彼の妻がその約束を守らないのよりも，悲しみと嘆きのうちに死んだ方がましだと思ったのです」と。)

　　This philosophre answerde, "Leeve brother,
　　Everich of yow dide *gentilly* til oother.
　　Thou art a squier, and he is a knyght;
　　But God forbede, for his blisful myght,
　　But if a clerk koude doon a *gentil* dede
　　As wel as any of yow, it is no drede! FranT V (F) 1607-12
　　(この魔術師は答えて言いました，「親しい兄弟よ，あなたがたはお互いどうし高貴なふるまいをしました。あなたは近習であるし，彼は騎士です。だが，神の聖なる力にかけて，学者であるわたしがあ

ながたのいずれとも同じように高貴な行いができないとしたら恥になります。これは理の当然です。」)

このように3人の人物はそれぞれ「気高い」行為について，いずれが真か偽かと葛藤し，偽に成らないように，つまり彼らの判断基準をより高次に設定して，選択する。物語を終えるに及んで，語り手は聴衆・読者に対して直接的に誰が最も「気高い」(the moost fre) かと問いかけている。gentil でなく fre が使われているのは，判断において「偏見のない自由な立場にいる」ものは誰か，という意味も含めたのかもしれない。

16) Lordynges, this questioun, thanne, wol I aske now,
   Which was *the mooste fre*, as thynketh yow?
   Now telleth me, er that ye ferther wende.
   I kan namoore; my tale is at an ende. FranT V (F) 1621-4
   (皆様，今次の質問をいたします。いったいいずれが一番寛容であったと思われますか。さあ，先に進む前にわたしに答えてください。これ以上わたしはしりません。私のお話はこれでおしまい。)
   (OED s.v. free *3. Noble, honourable, of gentle birth and breeding. In ME. a stock epithet of compliment. Often in alliterative phr. *fair and free*. *Obs.* a1000-1632; *4.a. Hence in regard to character and conduct: Noble, honourable, generous, magnanimous. *Obs.* a1300-1604; 8.a. Of persons, activity, motion, etc.: Unimpeded, unrestrained, unrestricted, unhampered. Also of persons: Unfettered in their action. a1300-1875)

語り手の問いに，聴衆・読者はどのように答えるだろうか。3人のいずれに限定しても何か不十分さが残る。正解がもし

あるとすれば，それは Arveragus でも Aurelius でもまた学者でもない，全くテクストを超えたところにあるかもしれない。つまり，最も気高く，寛大で，優しい気持ちに満ちているのは，最高位に位置する，物語の登場人物の創造主，詩人チョーサーである，と。Pitee renneth soone in *gentil* herte.

聴衆・読者は，Fragment III, IV, V の話を見比べてみると，「気高い」行為がいかに多様で複雑であるかを経験することができる。Fragment III の「バースの女房の話」では，老婆が若い夫に「気高い」行為の正道を教え諭している（「気高い」行為をするものが「気高い」；「気高い」性質は神からくる）。Fragment IV の「貿易商人の話」では全く逆で，年老いた無知の Januarie と若い妻 May が主人公で，本道から大きくはずれた，低落した「気高い」行為が展開する。Fragment V の「近習の話」（舞台はアジアのフン族）では，「貿易商人の話」で逸脱した「気高さ」の回復が試みられる。Canace 姫は魔法の指輪を通して鳥の声を聞き取り，失恋したハヤブサに対して手厚つく優しい看護をする。そして後の「郷士の話」では，個人内で生起する「気高い」行為の真偽の葛藤を通して，その価値の回復が一つの頂点に達している。

以上のように，Fragment III, IV, V が「気高さ」を共通したテーマとして持ち，このテーマがそれぞれの話の時空間を通して相対的に扱われていることを検証した。聴衆は旅の「過程」の中で色々な場所の，色々な時代での話を聞き，「気高さ」のテーマはその一例に過ぎないものであるが，彼らは心理的な時空間を拡げてゆくのである。

6 おわりに

　以上『カンタベリー物語』にみる旅の構造と意味を，その重要な構成要素である時空間に着目し，物理的な時空間と心理的な時空間を重ね合わせて，読み解いてみた。カンタベリー大聖堂への巡礼は，単に旅の始め，過程 (途中)，そして終点という物理的な時空間移動ではなく，心理的な時空間移動でもあり，その行程は，人生の起点（生誕），プロセス（知の発見の場，視野の拡大の場），そして終点（死，天上の至福）に対応することが明らかになった。そして旅の「過程」で巡礼者が物語をするという着想においては，その物語自体が物理的な時空間移動を伴い，登場人物はそれに巻き込まれ，と同時に，彼らは心理的に課題を設定され，それを探求し，それを問題解決するよう促されることも明らかになった（例えば「バースの女房の話」，「郷士の話」）。この時空間移動の二重構造を通して，聴衆・読者は，人間がどのように生まれ，成長し，そして死んでゆくかという経験を拡げ，また深め，そこに潜む相対的で複雑な価値を読み解いてゆくように促された。旅の行程がこのように重なり合って展開するところにチョーサーの芸術の一端が凝縮していると言ってもよかろう。

参考文献

Andrew, Malcolm and Ronald Waldron. eds. *The Poems of the Pearl Manuscripts: Pearl, Cleanness, Patience, and Sir Gawain and the Green Knight*. London: Edward Arnold, 1978.

Benson, Larry D. ed. *The Riverside Chaucer: Third Edition Based on The Works of Geoffrey Chaucer Edited by F. N. Robinson*. Boston: Houghton Mifflin Company, 1987.

Brewer, Derek. *Chaucer and His World*. London: Eyre Methuen, 1978.

Burnley, D. *Chaucer's Language and the Philosophers' Tradition*. Chaucer Studies ii. Cambridge: D. S. Brewer, 1979.

Karibe, Tsunenori et al. *A New Invitation to Chaucer's General Prologue to The Canterbury Tales*. Tokyo: Shohakusha, 2000.

Kurath, H., S. M. Kuhn, and R. E. Lewis. eds. *Middle English Dictionary*. Ann Arbor: The University of Michigan Press, 1952-2001.

Macaulay, G. C. ed. *The English Works of John Gower*, 2 Vols, EETS E.S. 81, 82, 1900, 1901.

桝井迪夫. 『カンタベリー物語』(上, 中, 下) 東京:岩波書店, 1995.

中尾佳行. 『Chaucer の曖昧性の構造』東京:松柏社, 2004.

Rogers, William E. *Upon the Ways: The Structure of The Canterbury Tales*. English Literary Studies. B. C, Canada: Universtiy of Victoria, 1986.

Schmidt, A. V. C. ed. *William Langland The Vision of Piers Plowman: A Critical Edition of the B-Text Based on Trinity College Cambridge MS B.15.17*. J. M. Dent・London: Everyman, 1995.

Simpson, J. A. and E. S. C. Weiner. eds. *The Oxford English Dictionary*. 2nd ed. Oxford: Clarendon Press, 1989.

Woods, William. *England in the Age of Chaucer*. London: Book Club Associates, 1976.

大堀俊夫. 訳. 『詩と認知』紀伊國屋書店, 1994. (George Lakoff and Mark Tunrer. *More than Cool Reason—A Field Guide to Poetic Metaphor.* Chicago: The University of Chicago, 1989.)

チョーサーとマンデヴィルの旅
— 中世の旅と楽しみ —

地 村 彰 之

はじめに

　古今東西，人は旅つまり移動することを好む。過去に生きたヨーロッパ人もその例外ではない。ヨーロッパ文化はゲルマン文化，古典古代文化，キリスト教文化の三つの構成要素から成り立っているといわれる。ゲルマン民族は，ヨーロッパ地域のあちこちに移動し，進んだ文化と接触した。ヨーロッパの形成はそれらの文化の融合にとどまらず，人種混血によってヨーロッパ人種を生み出すことになったという。イギリスではゲルマン民族がとどまり，そこから新たな旅の出発が始まった。その後，ヴァイキングやノルマン人が入ってきて新しい交流が生まれ，中世を迎える。本論では，イギリスの 14 世紀に活躍したチョーサーとその当時の旅行記を著したマンデヴィルについて調べ，中世の旅と楽しみについて見ていく。

1　マンデヴィルの旅について

　まず，そのために『ブリタニカ 2003』をもとにマンデヴィルについて紹介する。ウォーナー (George F. Warner) 編集

のエジャトン写本 (MS Egerton 1982) に基づくテクストから引用しながら，その都度シーマー (M.C. Seymour) 編集によるコットン写本 (MS Cotton Titus C. xvi) に基づくテクストも参考にして，その内容を見ていくことにする。それは，前者の方が文体において独創的で与えられた出来事をより調和の取れた描写へと広げていると言われるからである。『マンデヴィルの旅』は，中世にはよく知られていた書物の一つである。エルサレム巡礼の旅に出ようとする人々へのガイドブックの役目を果しただけでなく，エジプトを始め中国にまで旅を続けることが書かれている。

　エジプト，パレスチナ，シリア，中央アジア，中国への旅の歴史のほかに，想像上の怪物が住んでいるたくさんの国について記述している。この後半の現実離れした箇所は，むしろ大いに評判になったという。中世の読者たちにとって，マンデヴィルの魅力はこの想像上の部分で，それは中世の動物寓話集だけでなく，『黄金伝説』やアレキサンダー物語から借用されてきた不思議な物語である。これが読者にとって驚きや驚異となり，想像力や好奇心を掻き立て，新たな探検を求めるようになっていった。それは，もう中世的な巡礼の旅というより，近世的な新しい世界への旅立ちであった。

　作者の名前はイギリスの騎士サー・ジョン・マンデヴィルであると言われているが，定かではない。原作は 1356 年から 1357 年にかけてフランス語で書かれ，すぐにラテン語を始め，ほとんどすべてのヨーロッパの言語に翻訳され，英語版は 1375 年ごろ世に現れたという。250 または 300 以上もの写本が現存していると言われる。作者はセント・オールバンズで生まれ，1322 年 9 月 29 日の聖ミカエル祭に英国を出

発し，ベルギーのリエージュに到着し，そこで自分の経験について書き記すように説得される。1356年に英国に戻っている。典拠については詳しく調査されてきたが，作者は一歩も冒険をせずに作品を書いたのではないかと言われている。普通の感覚では信じることが出来ないようなものたちが登場するからである。その例を次にあげる。

    And in þasw iles er many maners of folk of diuerse condiciouns. In ane of þam es a maner of folk of gret stature as þai ware geauntz, horribill and foule to þe sight; and þai hafe bot ane egh, and þat es in myddes þe forheued. þei ete rawe flesch and rawe fisch. In anoþer ile er foule men of figure withouten heuedes, and þai hafe eghen in ayther schulder ane; and þaire mouthes er round schapen, lyke a hors scho, ymiddes þaire brestez. In ane oþer ile er men withouten heuedes; and þaire eghen and þaire mouthes er behind in þaire shuldres. In anoþer ile es a maner of folk þat hase a platte face, withouten nese or eghen; bot þai hafe twa smale holes in steed of eghen, and þai hafe a platte mouth, lippless. In anoþer ile er foule men þat hase þe ouer lippe so grete þat, when þai slepe in þe sonne, þai couer all þe visage with þat lippe. In anoþer ile er folk of lytill, as þai ware dwerghes; and þai er sumwhat mare þan pigmez. þai hafe na mouth; bot þai hafe in steed of þaire mouth a lytill hole, and þerfore, when þai schall

ete, þam behoues souke it with a rede or a pype.
Tunges hafe þai nane; and þerfore þai speke noʒt,
but hizssez and makez signes as mounkes duse, ilke
ane till oþer, and ilkane of þam wat wele what oþer
menez. In anoþer ile er folk whas eres er so syde
þat þai hing doune to þe kneesse. In anoþer ile er
folk þat hase fete lyke hors, and on þaim þai will
rynne so swythe þat þai will rynne so swythe þat
þai will owertake wylde bestes and sla þam to þaire
mete thurgh swyftnes of fote. In anoþer ile er folk
whilke gase on þaire hend and on þaire fete, as þai
ware foure foted bestez; and þai er rowgh and will
clymbe in to treesse als lightly as þai ware apes.
Þare es anoþer ile whare folk er þat er bathe men
and wymmen, and hase members of bathe þe tane
and þe tother, and ilkane of þam hase a pappe on þe
ta syde. And, when þai vse þe member of man, þai
get childer; and, when þai vse þe membre of wom-
man, þai bere childer. Anoþer ile þer es whare þe
folk gase on þaire kneesse wonderfully, and it semez
as þai schuld fall at ilke a passe; and þai hafe on
ayther fote viii. taasse. ʒit es þer anoþer ile whare
þe folke has bot a fote, and þat fote es so brade þat
it will couer all þe body and owmbre it fra þe sonne.
Apon þis fot will þai rynne so fast þat it es [wonder]
to see. Also þer es anoþer ile whare þe folk liffez
all with þe sauour of a maner of apple; and, if þai

tharnet þat sauour, alssone þai schulde dye. Many
oþer maner of folk þer er in oþer iles þer aboutes,
whilk ware to lang to tell all. （ウォーナー：100）

（ここの島々には数々の異なった種類の人々がいる。ある島では，見た目にも汚くて恐ろしい巨人のような背丈の高い人がいる。彼らには額の真ん中に目が一つだけある。彼らは生の肉と生の魚を食べる。ほかの島では，頭のない醜い人たちがいる。それぞれの肩に目があり，口は蹄鉄のように丸く胸の真ん中にある。またほかの島では，頭のない人々がおり，目と口は背中についている。ほかの島では，鼻も目もないのっぺらぼうの顔をした人々がいる。しかし，目の代わりに二つの小さな穴があり，平べったい唇のない口がある。ほかの島では，日差しの中で寝ているとき，顔を覆うことができるほど非常に大きい上唇をした醜い人がいる。ほかの島では，小人のような背丈の低い人がいる。彼らはピグミーよりもちょっと大きい。口はないが，代わりに小さな穴があり，ものを食べる必要があるときは葦やパイプを使ってすすらざるを得ない。舌がないので言葉を話さないが，修道士がする様に，お互いにシーと言ったり合図を送ったりし，それぞれがお互いの意図していることを知る。ほかの島では，膝までたれるほど巨大な耳を持った人たちがいる。ほかの島では，馬のような足を持った人がいる。非常に速く進んで走るものだから，野生の動物に自ら進んで追いつき足の速さゆえにそれらを殺し食材にしてしまう。別の島では，四

足獣のように手と足で歩く人たちがいる。彼らは毛むくじゃらで、猿のように軽く木を進んで登っていくことを好む。男であり女である人たちがいる島がある。男と女の機能を備えており、片方に胸がある。男の機能を使うときは子供を作る。女の機能を使うときは子供を生む。ほかの島では、人々は不思議なくらいに膝で移動する。まるで一歩踏み出すごとに倒れているようである。それぞれの足に8つの指がある。また別の島には、片足だけの人がいる。その足が広いものだから自ら進んで体全体を覆い、日よけをしようとする。見てびっくりするほど非常に速く走っていく。また、人々がりんごの甘い香りだけで生きている島がある。その香りを奪われてしまうと、すぐに生命を絶たれてしまうだろう。そのあたりのほかの島には、ほかにたくさんの人がいる。すべてを語るには長くなりすぎる。）（拙訳）

ウォーナーのテクストは古期英語の文字 þ（ソーン）が多用されている。また、ȝ（ヨッホ）もある。それらはシーマーのテクストにはない。そして、言語的に顕著な現象は、ウォーナーのテクストは北部方言で書かれていることである。þair や þaim に見られる3人称複数代名詞、hizssez, makez, semez のように、動詞の3人称単数現在を示す語尾、till のような前置詞など、地方の言語特徴が見られる。シーマーにはそのようなところは感じられない。さらに、シーマーのテクストで特に気になるところは、以下の三点である。

（1）「舌がないので言葉を話さないが、修道士がする様

に，お互いにシーと言ったり合図を送ったりし，それぞれがお互いの意図していることを知る。」において，「蛇のようにシーという音を立てたり，修道士のように合図を送ったりする」(thei maken a maner of hissynge as a nedder doth. And thei maken signes on to another as monkes don) のように，具体的に蛇のイメージを使っているところである。

（2）「別の島では，四足獣のように手と足で歩く人たちがいる。彼らは毛むくじゃらで，猿のように軽く木を進んで登っていくことを好む。」のところで，「スリムで毛むくじゃら」(skynned and fedred) のように具体的になっている。さらに喩えている動物が猿だけではなくて，「リスや猿のように」(as it were squyrelles or apes) でリスの具体的イメージも付加されている。

（3）シーマーのテクストでは最後のりんごの香りで生きている人たちのことは省略されている。具体的イメージがわかないからであろうか。この点からすると，ウォーナーが基にしたエジャトン写本よりもシーマーが基にしたコットン写本の方が，時間的には後で編集されたような印象を受ける。

（注：ここで，古期英語の文字 þ（ソーン）と ȝ（ヨッホ）について，この旅行記の中で書かれているので，取り上げる。語り手が，サラセン人たちが使っている文字（アラビア語）を説明しているときに，イギリスにもアルファベット以外の文字があると述べる。þir foure letters hafe þai mare þan we hafe for diuersitee of þaire langage, by cause þai speke so in þaire throtes; as we hafe in oure speche in Ingland twa oþer letters þan þai hafe in þaire abce, þat es to say, þ and ȝ, whilk er called þorn and ȝok. (ウォーナー：71)（彼らは言語が多様であるために我々以上に4

つの文字を使う。彼らは咽頭で発音するからである。我々はイギリスでは彼らが使う abce というアルファベットにない二つの文字がある。それはつまり þ と ȝ である。それらはソーンとヨッホと呼ばれる。）（拙訳）ウォーナー版ではこの二つの文字が用いられているが，シーマー版では使われていない。）

このように，額の真ん中に片目のある巨人，顔がなく肩に目のある人々，膝まである巨大な耳を持つ人々が登場してくる。想像力に訴える生き物だけでなく，歴史・慣習・宗教・伝説など様々な点で，作者の文学的な才能や独創的な想像力で活気に満ちた内容に作り上げている。作者は中世のもっとも偉大な冒険家として知られているが，伝説上の土地としてプレスター・ジョンの王国，暗黒の国などが含まれているので，後世の探検の時代になって本当の語り手としての評判を落としてしまった。

　しかし，この作品の作者は，彼が生き抜いた14世紀の時代から，歴史家としてではなくて文学者として評価されていたようである。そして，チョーサーの作品の中に『マンデヴィルの旅』との関わりを感じさせるところがある。チョーサーの『カンタベリー物語』に出てくる騎士の遠征との関係である。

> Ful worthy was he in his lordes werre,
> And therto hedde he riden, no man ferre,
> As wel in cristendom as in hethenesse,
> And evere honoured for his worthynesse;
> At Alisaundre he was whan it was wonne.
> Ful ofte tyme he hadde the bord bigonne

チョーサーとマンデヴィルの旅　149

Aboven alle nacions in Pruce;
In Lettow hadde he reysed and in Ruce,
No Cristen man so ofte of his degree.
In Gernade at the seege eek hadde he be
Of Algezir, and riden in Belmarye.
At Lyeys was he and at Satalye,
Whan they were wonne, and in the Grete See
At many a noble armee hadde he be.
At mortal batailles hadde he been fiftene,
And foughten for oure feith at Tramyssene
In lystes thries, and ay slayn his foo.
This ilke worthy knyght hadde been also
Somtyme with the lord of Palatye
Agayn another hethern in Turkye;
And everemoore he hadde a sovereyn prys. (I(A) 47-67)

　(主君との戦いにとても勇敢にたたかいました。そのうえ，異郷の国はもとよりキリスト教国にも遠征に出かけました。だれもこの騎士よりは遠くへ行った者もないくらい。そしていつもその勇気の故に名誉を与えられておりました。アレキサンドリアが占領されたとき，彼はちょうどそこにおりました。プロシアではすべての外国の騎士たちをさしおいて，たびたび食卓の最上席につきました。リトワニアにも遠征にゆきました。またロシアにも征きました。同じ階級のキリスト教徒の騎士たちにはこんなにたびたび遠征したものはありませんでした。またこの騎士

はアルゼシラスの包囲戦のおり，グラナダにいたこともありました。そしてベルマリンでも戦いました。アイアスやアッタリアが占領されたときにもそこにおりました。そして地中海では名高い遠征に多く加わったことも十五たびもありましたし，アルゼリアでわが信仰を守るために三度も一騎打ちの勝負をし，そのたびに敵をたおしました。この勇敢な騎士はまたときに，パラティアの主君の味方になってトルコの別の異教徒と戦ったこともありました。そしていつも最高の栄誉を与えられておりました。）（桝井迪夫訳，以下『カンタベリー物語』の引用文は，すべて桝井訳による。）

ここでは，騎士がどこに遠征したかについて異国の地名が列挙されるが，どのような経験をしたかについては，戦いに参加して勝利を得たなど以外は具体的には表されていない。しかし，マンデヴィルの旅行記はその具体例を示してくれるかもしれない。だとすると，作者チョーサーがどのような遠征を頭においていたのかもわかる。ただ，チョーサーの場合は，事実，イタリア，フランスなど海外に遠征している。つまり，チョーサーの旅は実体験から得た旅が含まれており，その経験が『カンタベリー物語』などの作品中に間接的に語られている場合もあるので，すべてが書物などから得た知識に基づいた地名だけではないのかもしれない。その点がチョーサーとマンデヴィルの違いでもある。

　ベネットによると,『マンデヴィルの旅』は，14世紀の後半英国で広まり，その絶大な人気は着実に勢いを増していた。

チョーサーがそれを読んだことは恐らく間違いないだろうと思われる。ベネットは「近習の物語」にその影響が見られるという。ロビンソン版は，アジアにおける最も重要な旅の説明を指摘しているが，『マンデヴィルの旅』の名前は出していない。ベンソン版では，この旅行記がモンゴルの食習慣の詳細についていくらか情報提供したかもしれないと述べられており，67行から71行の中で「昔の騎士たちが話しているように」("as tellen knyghtes olde") は『マンデヴィルの旅』から情報を得たのではないかというベネットの論考を取り入れている。近習は東方の奇跡の話を始めているので，その当時最も人気のあった話題を扱う作品と，チョーサーの時代から少なくともコールリッジの時代まで若者の想像力に訴えた『マンデヴィルの旅』のことを，暗にほのめかしてもおかしくはない。この作品は，多くの聴衆に対してもそうであったように，チョーサーにも知られていたと考えられる。

> Eek in that lond, as tellen knyghtes olde,
> Ther is som mete that is ful deynte holde
> That in this lond men recche of it but smal;
> Ther nys no man that may reporten al.
>
> (「近習の物語」V(F) 69-72)
>
> (またその国には，昔の騎士たちが話しているように，とりわけご馳走だと考えられている，ある種の肉の料理があります。ところがそれはこの国では大した値打ちもないと人から顧みられておりません。すべてのことを伝えることのできる人は一人だっておりません。)

モゼレイは，マンデヴィルと同時代の文学作品の関係を次のように説明している。現存している非常にたくさんの写本の数から判断すると,『マンデヴィルの旅』は長期間にわたって人の心をとらえてきた。特に 1400 年以後，この作品から借用することはごく普通であった。また，14 世紀後半では，チョーサーだけでなく『真珠』の詩人などの頭韻詩人に影響を与えたが，ガワー，ホックリーブ，ラングランドなどにはこの作品を読んだという兆候がない。さらに,「近習の物語」において，聴衆がよく知っている『ガーウェイン卿と緑の騎士』の始まりの場面を用いている。

　以上のことから,『マンデヴィルの旅』と頭韻詩復興との繋がりについて一つの仮説を考える。マンデヴィルが生まれたところが，頭韻詩復興の舞台になっているところで，旅行記の優れた英語訳の一つであるエジャトン版は北部方言で書かれており，他にも北部の影響を感じさせるテクストがあるようである。さらに，チョーサーと『真珠』詩人との繋がりも指摘されている。アイデアの伝達は，ロンドンから地方へというように一方通行であることがほとんどであったようで，ヨーロッパからの新しいアイデアやファッションは，まず首都に入ってきてそれが地方に伝播されたという。チョーサーは，頭韻詩を書いた詩人たちやその人たちが好んで用いた題材についてよく知っていたのではないか。そうすると,「近習の物語」が，どのような聴衆を対象にして書かれたかは見えてくる。「家扶の話」で使われている北部方言や「教区司祭の話」のプロローグにある「ルム，ラム，ルフ」("rum, ram, ruf")もその関係でとらえることも可能である。(ただ

し，地村 2000 では北部方言とノーフォークとの繋がりを指摘した。作品の背後には，いろいろな要素が関わっていることがわかる。）

メイは，マンデヴィルと『名声の館』の言語的なつながりを次のように述べている。その繋がりを反復語である「新しい事柄」("newe thinges")，「新しい知らせ」("newe tydynges")を中心に見ながら，両作品の言葉の上での共通性と主題の類似性を認めたいという論考である。「国」("country") という語も含めて，両者を比較することも必要であろう。

このように，マンデヴィルとチョーサーの関係が存在したと見る見解が多い。そこで，チョーサー自身どのような旅をしたかについて，まず調べる。次に，チョーサーの『カンタベリー物語』における旅とマンデヴィルとの関係について調べる。そして，最後にチョーサーの『名声の館』における新しい旅について述べ，その旅とマンデヴィルとの繋がりについて考察し本章を終えたい。

2　チョーサーの旅

オーラーが指摘しているように，外交使節を通じての交流は国々や文化をお互いによりよく知らせるようになることに役立ってきた。新しい考えに対する好奇心を引き起こしたり，それを意識させることになった。外交官の相互交流や外交使節が本国にもたらした説明によって，ヨーロッパは他の地域以上に外部の世界に対してより許容力があったといえる。チョーサーはそのような外交使節として外国に旅をし，母国に帰ってからは，そこで体験したことを自らの作品の中

に表そうとしたのである。

　チョーサーが生きた 14 世紀は，政治的，経済的，宗教的，社会的に変革期であった。イギリスとフランスとの間で 100 年戦争 (1337-1453) があった。エドワード三世 (1312-1377) から幼少のリチャード二世 (1377-1399) へ政権が移り，さらにチョーサーが亡くなる前年にヘンリー四世 (1399-1413) が王位を得た。また，黒死病がはやった。ローマ教会の大分裂により，教皇政治が衰退し，過激な宗教改革運動が勃発した。そのような激動の時代に，チョーサーはエドワード三世・リチャード二世の宮廷に仕えた。エドワード三世の軍に従い，フランス遠征に加わったが，ランスの近くで捕虜となり，身代金を払って自由の身になっている。また，外交的使者として，フランス，イタリア，フランドル地方，スペインへ派遣された。その後，ロンドンの税関長としての公務に就き，収入面では安定していたが，訴訟事件と農民一揆が起こり，この時期チョーサーは精神的な危機を感じていたと言われる。しかし，チョーサーはケント州の治安判事及び国会議員，工事監督官，サマセット州の林野官として，公的な仕事を最後まで勤めた。このように，チョーサーは変化に富んだ人生の旅を生涯続けたのであった。

　このようなチョーサーの一生の中で，特に外交的使者としてフランス，イタリア，フランドル地方，スペインへ派遣されたことについて，グレイ氏の『オックスフォード・コンパニオン』を頼りにまとめる。

　まずチョーサーの時代のフランスは，フィリップ六世 (1350 年没)，ジョン二世 (1350-1364)，チャールズ五世 (1364-1380)，チャールズ六世 (1380-1422) というように，4 代も

国王が変わった時代であった。非常に人口の多い豊かな国であったようで、ヨーロッパの中でも大変大事な役割を果していたといわれる。1359年に、チョーサーはフランスには軍務・国務に携わる仕事でライオネル王子とともに遠征した。エドワード三世が1359年終わりから1360年始めにかけて包囲していたランスに近いレテルにいた。その戦いの中で捕虜になり、1360年3月1日までには釈放されたという記録が残っている。恐らく彼はフランス語を第二言語のように使用できたのであろう。ただし、彼の友人でありライバルであったガワーと違って、フランス語では作品を書かなかった。よく指摘されることであるが、女子修道院長の話し振りをパリのフランス語ではなくてストラットフォード・アト・ボウエ流の訛りであったと皮肉ったことからして、チョーサーはパリのフランス語に近いものを身に着けていたと考えるのが筋であろう。当然、彼の実家がぶどう酒の商売をしていたので、ぶどう酒の商いをする現地人のフランス語に身近なところで接していたと考えられる。フランスでは見聞を広め、文化的な雰囲気を存分に味わい、結果として自分なりに新しく作り変えることによって、彼の新しい文学を生み出していったのであろう。

1366年の春、チョーサーと三人の同行者が、ナバール（スペイン王国）のチャールズ二世によってスペインの通行許可を得たという文書が残っているという。聖ジェームズ寺院への巡礼の旅に出かけた可能性もあるというが、カスティリア王ペドロとの外交上の関係であったとも言われている。

チョーサーは、イタリアには二度訪れている。1368年にドーバー海峡を渡る許可書を王室から得た。その頃ミラノに

行ったかもしれないと言われている。ただし，イタリアへの旅をしたという最初の記録は 1372 年から 1373 年にかけてである。それが一度目の旅である。港の使用権に関してジェノバ共和国の提督と交渉するためであった。金融上の問題について取り決めをするために，フローレンスも訪れた。ここでチョーサーはイタリア文化に直接触れた。彼自らが自主的に申し出たことであったかどうかはわからないが，チョーサーの文学に与えた影響は計り知れないものであったといわれる。ペトラルカやボッカチオに出会ったかどうかもわからないが，彼らの名声を耳にしていたことは事実であろう。そして，彼らの作品つまり写本に接していた可能性がある。二度目の旅は，1378 年にあった。イタリアのロンバルディに国王の戦争の件で，ミラノの統治者バーナーボー・ヴィスコンティと義理の息子で将軍であるジョン・ホークウッド卿と取り決めをすることであった。このように，直接的にイタリアの文学と関わりを持つために旅をしたのではなくて，あくまでも彼の公務としての役目を果すために，イタリアを訪問したのであった。しかし，それがイタリア文化と芸術に結びつくようになったのである。

　フランドル地方は，14 世紀までにイギリスと布地貿易があったため非常に栄えたところであった。チョーサーは，1377 年に基金をもらってフランドルへの使節団としてトーマス・パーシー卿とともに訪れたことになっている。フランドルは，貿易ルートとしてイギリス経済にとって重要であった。商人は行き来し，羊毛がもっとも重要な商品であった。チョーサーの父親は穀物を船で運ぶ許可証をもらっており，帰りにフランドルの織物・布・服を運んだのである。チョーサーの

チョーサーとマンデヴィルの旅　157

妻はフランドルの騎士の娘であった。チョーサーにとってフランドル地方は非常に身近な存在であったと思われる。「近習の物語」を次節では扱うが，それを語る近習自身フランドルのことをよく知っていたようである。

> With hym ther was his sone, a yong SQUIER,
> A lovyere and a lusty bacheler,
> With lokkes crulle as they were leyd in presse.
> Of twenty yeer of age he was, I gesse.
> Of his stature he was of evene lengthe,
> And wonderly delyvere, and of greet strengthe.
> And he hadde been somtyme in chyvachie
> In Flaundres, in Artoys, and Pycardie,
> And born hym weel, as of so litel space,
> In hope to stonden in his lady grace. (I(A) 79-88)
> 　（騎士には息子の若い近習が従っておりました。恋をしている，見るからに元気のいい若者でした。髪はまるでこてでもかけたように巻き毛になっておりました。年のころは二十歳くらいだったでしょうか。背丈はほぼ中背でおどろくほど敏捷，それにたいへん力もありました。彼はすでにフランドル地方やアルトワやピカルディに遠征に出かけたこともありました。そして愛をささげる貴婦人の愛顧にあずかりたいと若いのに立派な振舞いをいたしました。）

チョーサーは，この近習にフランドルへの旅をした自分の若かりし頃の姿を描いたのかもしれない。

以上，チョーサーは自らの公務でフランス，フランドル，スペイン，イタリアへと旅をしたのであるが，それが楽しみとなり，彼の文学に大きな遺産を残したといえる。

3 『カンタベリー物語』における東方への旅

　チョーサーの「近習の物語」は，異国情緒にとんだ作品である。特に英国から見た東方の国モンゴルや中国のことが描かれている。チョーサーはそこまでは実際旅をしなかったであろうから，その地のことを語るには何かその基になる資料があったと思われる。その一つがマンデヴィルの旅であったかもしれない。「近習の物語」の内容は以下の通りである。

　（第一部）モンゴルの地にカンヴィウスカンという偉大な王がいた。アルガルシフとカンバロという二人の息子とカナセーという非常にきれいな娘がいた。20年の治世を祝うために誕生日の祝宴を催した。そこに手に鏡を持ち，黄金の指輪をつけ，脇に剣を持っている青銅の馬にまたがる一人の騎士が入ってきた。そして，アラビアとインドの王が祝宴をお祝いしてこの馬を献上されたことを告げる。その馬に乗れば，一日の間に望む所はどこにでも行くことが出来るという。

> And [The kyng of Arabe and of Inde] sendeth yow,
> in honour of youre feeste,
> By me, that am al redy at youre heeste,
> This steede of bras, that esily and weel
> Kan in the space of o day natureel –
> This is to seyn, in foure and twenty houres –

チョーサーとマンデヴィルの旅　159

Wher-so yow lyst, in droghte or elles shoures,
Beren youre body unto every place
To which youre herte wilneth for to pace,
Withouten wem of yow, thurgh foul or fair;
Or, if yow lyst ot fleen as hye in the air
As dooth an egle when hym list to soore,
This same steede shal bere yow evere moore,
Withouten harm, til ye be ther yow leste,
Though that ye slepen on his bak or reste,
And turne ayeyn with writhyng of a pyn.　(V(F) 113-127)

（アラビアとインドの王なるわが主君がこの厳かな祭りの日に，あなたにあたう限り最善のご挨拶をおくり，あなたの祝宴の名誉のために，あなたの命に欣然として服するこの私めを通じて，この真鍮の駿馬をお贈りになりました。さて，この駿馬は自然の一日の間に，つまり，二十四時間の間ということですが，この間あなたの好み給うところいずこなりとも旱魃に際しても，驟雨にあっても，あなたの御心が行かんと望み給うどの場所にも，いとも易々とまた立派に玉体をお運び申すことができます。天候の善し悪しにかかわらず玉体を損なうことなしに。あるいはまた，もし鷲が空高く舞い上がるのを望むごとく，天高く飛ばんと思し召さば，これなる同じ駿馬は玉体の望ませ給うところまで，その背に眠りまた休ませ給うともなんら危害を与えることなく，さらに先へお運び申すとともに，ピンを廻すだけでまたもと

へ帰って参ります。)

鏡と指輪はカナセーへのプレゼントであった。鏡を使えば起こらんとするどんな災難であっても，また恋人の背信行為も見る事が出来，指輪によって鳥たちの言語が理解できるようになるという。

> "This mirour eek, that I have in myn hond,
> Hath swich a myght that men may in it see
> Whan ther shal fallen any adversitee
> Unto youre regne or to youreself also,
> And openly who is youre freend or foo.
> "And over al this, if any lady bright
> Hath set hire herte on any maner wight,
> If he be fals, she shal his tresoun see,
> His newe love, and al his subtiltee,
> So openly that ther shal nothyng hyde.
> Wherfore, ageyn this lusty someres tyde,
> This mirour and this ryng, that ye may see,
> He hath sent to my lady Canacee,
> Youre excellente doghter that is heere.
> 'The vertu of the ryng, if ye wol heere,
> Is this: that if hire lust it for to were
> Upon hir thombe or in hir purs it bere,
> Ther is no fowel that fleeth under the hevene
> That she ne shal wel understonde his stevene,
> And knowe his menyng openly and pleyn,

And answere hym in his langage ageyn;
And every gras that groweth upon roote
She shal eek knowe, and whom it wol do boote,
Al be his woundes never so depe and wyde. (V(F) 132-155)

(私が持っていますこの鏡もまた，いつあなたの王国に，また，あなた自身に逆境が降りかかってくるかをその中に見ることができ，誰があなたの友であるか，それとも敵であるかを，公然と知ることができるような力を持っています。なかでも，もし誰か美しい貴婦人が，どんな人に思いを寄せたとしても，その人が不実であるならば，その裏切り行為を，またその新しい愛する人を，またすべて彼の策略を公然と彼女に示すので，なにものも隠せるものはないのです。そこで，この楽しい夏の季節に際して，あなたがご覧になっているこの鏡とこの指輪を，わが主君はここにいますあなたの優れてうるわしき愛娘，わが貴婦人カナセーに贈り給うたのであります。この指輪の力は，もしお聞きいただきますなら，こうなのでございます。すなわち，もし彼女がそれを親指にお はめになるか，それとも財布の中にお持ちになるか，お好みのままにいたされるならば，天が下を飛ぶ鳥にして，彼女がその声をよく理解し，その意味をはっきりと明らかに知り，その鳥の言葉でお答えになれないような鳥はいませぬ。また，根を持つすべての草を彼女はよく知り，誰にそれが役立つかもお知りになることでしょう。たとえその人の傷口がどんなに

深くまた広がっていようとも。)

剣は鎧の上からでも切りつけることが出来，傷を受けたものは剣の平で打たれるまで癒されないという。

> "This naked swerd, that hangeth by my syde,
> Swich vertu hath that what man so ye smyte
> Thurghout his armure it wole kerve and byte,
> Were it as thikke as is a branched ook;
> And what man that is wounded with the strook
> Shal never be hool til that yow list, of grace,
> To stroke hym with the plat in thilke place
> Ther he is hurt; this is as muche to seyn,
> Ye moote with the platte swerd ageyn
> Stroke hym in the wounde, and it wol close. (V(F) 156-165)

（わたしの脇に下がっているこれなる裸の剣は，どのような人をあなたがそれでうちつけられようと，必ずそれはその人の甲冑を切り貫き，深く食い込むような力をもっています。たとえその甲冑が枝の生い茂る樫の木のように厚いとしましても。そして，剣の一撃を受けて傷ついた人がどんな人であれ，その人の傷ついた同じ場所をあなたが親切なお心から剣の平で進んでお打ちになるまでには，傷の癒えることは決してないでしょう。このことはつまり，あなたが剣の平でその人の傷を打ち返さなければならないというのにほかなりません。そうすれば傷口は閉じる

チョーサーとマンデヴィルの旅　163

のです。)

この騎士は部屋に案内され鎧を脱ぐ。人々は馬と魔法の贈り物に驚き，祝宴は朝まで続く。
（第二部）すべてのものが深い眠りに陥っていたが，カナセーは早朝公園に出て行く。

> The vapour which that fro the erthe glood
> Made the sonne to seme rody and brood;
> But natheless it was so fair a sighte
> That it made alle hire hertes for to lighte,
> What for the seson and the morwenynge,
> And for the foweles that she herde synge.
> For right anon she wiste what they mente
> Right by hir song, and knew al hire entente. (V(F) 393-400)
>
> （大地からゆらゆらと立ち昇った蒸気が太陽を赤く大きく見せていました。だが，それにもかかわらず，とても美しい眺めでしたので，季節のせいもあり，また早朝のせいもあり，また鳥たちの歌声が聞こえてくるせいもあって，彼女らの心は皆軽やかになりました。彼女には鳥たちの言う意味がまさにその歌によってすぐにわかりました。そして彼らの意図を知りました。）

鳥たちの声を聞き，指輪のおかげで，言っていることの内容を理解することが出来る。雌のハヤブサの悲しい嘆きの声

をふと聞いてしまう。不義の愛人に裏切られたという。その鳥はカナセーの膝の上で気を失ってしまう。同情の気持ちから，薬草と軟膏で大事に扱いベッドのそばの囲いに入れておく。そして，愛人を取り戻した話，カンヴィウスカンが多くの町を勝ち取った話，アルガルシフがテオドラという妻を得たこと，カンバロのカナセーのための戦いなど話すことを，語り手は約束する。

（第三部）

> Appollo whirleth up his chaar so hye
> Til that the god Mercurius hous, the slye – (V(F) 671-72)
>
> （陽の神アポロがその戦車を空高く駆けめぐらし，
> かの狡猾なるマーキュリー神の館にのり入れて行く）

この作品は，この二行で終わってしまう。トパス卿の話のように，尻切れトンボになってしまう。内容にあまり変化がなく，延々と単調なストーリーが続くことを語り手は意識したのかどうかはわからないが，聴衆を目の前にしている語り手の変化が読み取れる。マンデヴィルは旅を続け最後の終着点まで到達するのであるが，チョーサーの方は途中で方向転換をしてしまう。逆に『カンタベリー物語』の構成としては，単調さを抜け出すきっかけを作ったのかもしれない。

4 『名声の館』における旅

　チョーサーの『名声の館』における新しい旅について，「新しい事柄」"newe thinges" や「新しい知らせ」"newe tydynges"

チョーサーとマンデヴィルの旅　165

の表現を中心に見ていく。旅をすることによって新しい知らせを得ることや経験ある人たちに出会うことが、その当時の人たちには楽しみであった。まず『名声の館』では、夢を見る詩人、鷲に乗せられて旅をする詩人、音声の旅（音声の発生と名声の館から飛び出していく様々な価値観を伴う声の旅）、そして最後に「とても権威のある人」（"a man of auctoritee"）との出会いがあった。

中世においても、旅の速さに対する憧れは当然あった。現代では当たり前である、音より早く旅をすることは、中世人には夢であった。魔法の指輪よって、行きたい所へは何処でも行くことが出来ればよかったのである。これは中世の人たちの旅に対する夢であったであろう。チョーサーの夢物語詩の夢は、中世人の素早く飛んでいける旅に対する憧れを表しているのであろうか。ここでは魔法の指輪の代わりに、鷲が語り手を新しい情報で満ち溢れている館へと運んでくれる。

素朴な詩人は鷲が言う「言葉」（"speech"）について疑いの気持ちを表す。すべての "speech" が名声の館に届くというからである。ここで鷲は "speech" における「音声」（"sound"）の問題を議論する。日常使っている "speech" の "sound" にどのような物理の法則が関わっているか教えてくれる。鷲は、大学の教授であり万有引力や波動の法則をよく知っているかのように、その法則を詩人に講義する。ここで鷲によって次々に伝達されてくる新しい "tydynges" は「自然」（"kynde"）の法則に基づいている。

"Geoffrey, thou wost ryght wel this,
That every kyndely thyng that is

166

> Hath a kyndely stede ther he
> May best in hyt conserved be;
> Unto which place every thyng
> Thorgh his kyndely enclynyng
> Moveth for to come to
> Whan that hyt is awey therfro;
> . . . .
> That every thyng enclyned to ys
> Hath his kyndelyche stede:
> That sheweth hyt, withouten drede,
> That kyndely the mansioun
> Of every speche, of every soun,
> Be hyt eyther foul or fair,
> Hath hys kynde place in ayr.
> And syn that every thing that is
> Out of hys kynde place, ywys,
> Moveth thidder for to goo,
> . . . .
> Than ys this the conclusyoun:
> That every speche of every man,
> As y the telle first began,
> Moveth up on high to pace
> Kyndely to Fames place. (729-852)

（ジェフリー，おまえもこのことは分るだろうが，自然界に存在するものはすべて，それが最もよく保存される本来の場所というものがある。そこから離れると，すべてのものが，その生来の性質からそこに

移動してゆくのだ。すべて，そこに行く傾向のある場所に，確かに，その本来の住み家があるのだ。そのことは，とりもなおさず，言葉や音声はすべて，美声であろうと，悪声であろうと，本来の住み家は，空中にあることを証明している。本来の場所から出て，そこから離れているものは，私がすでに証明した如く，すべて，もとの場所へ確かに移動するのだから，どんな音も，自然に上昇し，すべて，本来の場所に至ることは，明らかだ。従って，結論は，こうだ。誰の言葉もすべて，私が最初に話した如く，本来の性質から，高く上昇し，名声の女神のところに至るのだ。）
（塩見知之訳，以下『名声の館』の引用文はすべて塩見訳による。）

ここでは，"kynde"から派生した形容詞や副詞が繰り返し使われている。あらゆる種類の新たな"tydynges"は，"kynde"のありのままの姿に支配されながら，名声の館にやってくる。そこで，詩人は自分の"experience"つまり自分の目と耳を最大限に使って，その"tydynges"を調査しようする。

この鷲は，"kynde"の法則によってその館に運ばれる音は真実と虚偽の両方から成り立っているという。

"What?" quod I. "The grete soun,"
Quod he, "that rumbleth up and doun
In Fames Hous, full of tydynges,
Bothe of feir speche and chidynges,
And of fals and soth compounded. (1025-29)

(「何ですか？」と私は聞いた。「大きな音だよ。」と彼は言った，「名声の館の中を上へ下へとうなっているのだ。この館は，知らせでいっぱいで，甘言や，悪口や，真実の言葉や，虚偽の言葉が入り混じっているのだ。)

両極端な価値が名声の館には存在している。詩人はその館に到着し，鷲は詩人にその前で新しいことを学習させるために置き去りにする。新しい世界の発見であろう。真実と虚偽が両義的に混合されている複合的価値について客観的な判断を下す必要に迫られる。

詩人は，追い求めてきた新しいことをまだ見つけることが出来ないでいる。詩人は名声の女神に自分のアイデンティティを尋ねられたとき，断固として自分の立場を述べる。

> For what I drye, or what I thynke,
> I wil myselven al hyt drynke,
> Certeyn, for the more part,
> As fer forth as I kan myn art." (1879-82)
> (何を考え，何を悩もうと，それをすべて，飲み込むつもりなのだから。確かに，技巧を知っている限り，その大部分を，飲み込むつもりなのだから。)

この引用文は，詩人が創造しようとしている「技巧」("art")への強い意識を示している。"art"を最大限利用して，表現したいものを少しでも表現できればいいのである。"art"によって表される内容は気まぐれな判断によってなされるよう

な偽造されたものであってはならない。今日まで名声を求めてきた人々はもう詩人には新鮮ではなくなったようである。すべて古い世界に属し，気まぐれな名声の女神によって支配されているからである。

そこで，詩人はさらに明確に自分の立場を明らかにする。

> Somme newe tydynges for to lere,
> Somme newe thinges, y not what,
> Tydynges, other this or that,
> Of love or suche thynges glade. (1886-89)
> （新しい知らせ，私の知らない新しい事柄，愛の知らせや，喜びのおとずれをあれこれ知るためだ。）

形容詞の「うれしい」("glade") と繰り返される形容詞「新しい」("newe") から判断して，"tydynge" は人々を新鮮な気持ちにし，楽しませるものであろう。しかし，噂の館には噂話とおしゃべりで満ち溢れている。この館は詩人が求めたものではなかった。まるで "tydynges" の母親とも言われ，名声の女神と同じく気まぐれである偶然 ("Aventure") のみを満足させているかのようであった。

そのとき，賢明な鷲が，今では「わたしの鷲」("myn egle") になっているが，再登場し，最後の「新しい知らせ」("newe tydynges") を伝える役割を果す。「すると家の回転が止まったようだった。」("me thoughte hit(= this hous) stente" (2031)) という事実によって，詩人が落ち着きを取り戻したように思われる。「床」("flor") の上に立つことが出来た。ここで今まで出会ったことがないような人々に出会う。あま

りに大勢いるのでその中に足を踏み入れることが出来ないぐらいである。人々は一見真実と思えることを伝え，伝達の自然の法則に依存しながら，次々にそれを拡大していく。彼らは知らせが "olde" になる前に伝えていく。"tydynge" が真実であろうと虚偽であろうとお構いなしのようである。

　最終的に彼は「愛の知らせ」（"tydynges of love"）を聞く。愛に関する新しい情報を学んだ後，真実と虚偽が見事にお互い混ざり合った，複雑な愛の世界の中に入っていくことを決める。「お互いに混ざり合おう」（"We wil medle us ech with other," (2102)）や「あゝ，この家は，いつも，真偽の混ざった知らせでいっぱいの袋や，全く，うそだけの袋をもった船乗りや，巡礼者で満ちあふれていた。」（"And, Lord, this hous in alle tymes / Was ful of shipmen and pilgrimes, / With scrippes bret-ful of lesinges, / Entremedled with tydynges, / And eek allone be hemselve." (2121-25)）に見られるとおりである。様々な愛の両面的価値が存在している複雑な世界の中で生きながら，どのような名声を求めていくかがつかめるようになる。旅を続けた詩人が，偶然自信を与えてくれる人物と出会った。ここで，彼の名声は「権威」（"auctoritee"）と結びついたのである。

　「とても権威のある人」（"A man of gret auctoritee"）が，最後の舞台に登場する。

　　　Atte laste y saugh a man,
　　　Which that y [nevene] nat ne kan;
　　　But he semed for to be
　　　A man of gret auctorite.... (2155-58)

(ついに，私は，ある人を見た。その名は，わからな
　　いが，とても権威ある人のように思われた。)

詩人の想像力の中に現れたもっとも権威ある人は，真実を告げる人であったように思われる。最初の段階から真実を追い求めてきた詩人は，たび重なる実験という旅を続けながら，最終段階で真実の知らせを伝えてくれる人物に出会ったのである。この作品が未完であると言われようとも，この表現は，この作品と後の名作との架け橋となり，旅を続ける詩人に本当の名声を伝達する役割をするといっても過言ではない。

おわりに

『名声の館』に登場する鷲の働きを，『マンデヴィルの旅』では作者マンデヴィルが実践したのかもしれない。次々と新しい知らせを，それがたとえ自分の目で見たものでなかったにせよ，読者に伝えてくれたからである。その点でチョーサーの『名声の館』と『マンデヴィル旅』は繋がってくる。

『マンデヴィル旅』では，最後の章で「新しい事柄」("new things")についてつぎのように説明されている。

　　þare er many oþer cuntreez and oþer meruailes whilk
　　I hafe noȝt sene, and þerfore I can noȝt speke prop-
　　erly of þam; and also in cuntreez whare I hafe bene
　　er many meruailes of whilk I speke noȝt, for it ware
　　owere lang to tell. And also I will tell na mare of
　　meruailes þat er þare, so þat oþer men þat wen-

dez þider may fynd many new thingez to speke off, whilk I hafe noʒt spoken off. For many men hase grete lykyng and desyre for to here new thinges; and þrfore will I now ceesse of tellyng of diuerse thingez þat I saw in þase cuntreez, so þat þase þat couetez to visit þase cuntrez may fynd new thinges ynewe to tell off for solace and recreacioun of þaim þat lykez to here þam. (ウォーナー: 155) (私が見てこなかった国や不思議なことがほかにたくさんある。それで, そのことについて適切に言う方法を知らない。また, 私が行ったことがある国で話していない不思議なことがたくさんある。というのは, 話すとあまりにも長くかかると思われるからだ。そして, またそこにある不思議なことについてこれ以上お話しするつもりはない。それで, そこに行くほかの人が, 私が話さなかったことで, 話すべき新しいことをたくさん見つけることが出来る。というのは, 多くの人は新しいことを聞くのが大好きだし, そのように大いに望んでいるからである。それで, 私は, 今そのような国で見てきた様々な事柄について語ることを止めたいと思う。そのような国を訪れることを切望する人は, 新しいことを見つけることが出来る。それらを聞くことが好きな人たちの慰めと気晴らしのために, 語るべき十分新しいことを。) (拙訳)

かくして, 大航海時代の幕は開けた。それは中世の巡礼の旅の新たな展開であった。人々は聖地を訪れるという神聖な

巡礼の旅から出発し，人間に本来備わっている新しい発見の希求という，楽しみのための勇敢な探検の旅を続けることになった。人々は，新天地・新世界に向かって活力に満ち溢れて，いや貪欲なまでに精力的に旅立って行ったのである。

テクスト

Benson, L.D. ed., *The Riverside Chaucer*, 3rd ed. Boston: Houghton Mifflin, 1987.

Seymour, M.C. ed., *Mandeville's Travels*. Oxford: OUP, 1967.

Warner, G.F. ed., *The Buk of Johnm Maundeuill Being the Travels of Sir J.Mandeville, Knight 1322-1356*: A Hitherto Unpublished English Version from the Unique Copy (Egaerton MS, 1982) in The British Museum. Westminster, London: Nichols and Sons, 1889.

主要参考文献

Bennett, J.W. "Chaucer and *Mandeville's Travels*," *MLN* 68 (1953), 531-34.

Bennett, J.W. *The Rediscovery of Sir John Mandeville*. New York: The Modern Language Association of America, 1954.

Brewer, D.S. *Chaucer*. London: Longman, 1960, 1973^3.

Britanica 2003.

Cook, A.S. ed., *A Literary Middle English Reader*. New York: Ginn and Company, 1915.

Dyas, D. *Pilgrimage in Medieval English Literature 700-1500*. Cambridge: D.S.Brewer, 2001.

福井秀加,和田章監訳『マンデヴィルの旅』東京:英宝社,1997.

Gray, D. ed., *The Oxford Companion to Chaucer*. Oxford: OUP, 2003.

Jimura, A. "Chaucer's Use of 'soth' and 'fals' in *The House of Fame*," *Philololgia* 23 (三重大学英語研究会), 1991, 11-35.

地村彰之「*The House of Fame*における対照語法とその用法」『英語英文学研究とコンピュータ』(斉藤俊雄編)東京:英潮社,1992, 195-213.

地村彰之「チョーサーの英語に見る異文化」原野昇,水田英実,山代宏道,地村彰之,四反田想共著『中世ヨーロッパに見る異文化接触』広島:渓水社,2000, 127-173.

地村彰之「チョーサーの英語における多元性」原野昇,水田英実,山代宏道,地村彰之,四反田想共著『中世ヨーロッパ文化における多元性』広島:渓水社,2002, 79-118.

地村彰之「チョーサーと格言的表現―複眼的思考の一考察―」原野昇,水田英実,山代宏道,地村彰之,四反田想,大野英志共著『中世ヨーロッパと多文化共生』広島:渓水社,2003, 71-109.

Jusserand, J.J. *English Wayfaring Life in the Middle Ages*, translated from the French by L.T.Smith. London: T. Fisher Unwin, 1891.

菅野政彦『ジョン・ガワー研究』東京:英宝社,2002.

Kohanski, T. *The Book of John Mandeville: An Edition of the Pynson Text with Commentary on the Defective Version.* Temple, Arizona: Arizona Center for Medieval and Renaissance Studies, 2001.

Labarge, M.W. *Medieval Travellers: The Rich and Restless.* London: Hamish Hamilton, 1982.

桝井迪夫『チョーサー研究』東京：研究社，1962, 1973².

桝井迪夫『チョーサーの世界』(岩波新書) 東京：岩波書店，1976.

桝井迪夫訳『完訳カンタベリー物語』東京：岩波書店，1995.

May, D. "*Mandeville's Travels*, Chaucer, and *The House of Fame*," *Notes and Queries* ns 34 (1987), 178-82.

Moseley, C.W.R.D. "Chaucer, Sir John Mandeville, and the Alliterative Revival: A Hypothesis concerning Relationships," *Modern Philology* 72 (1974), 182-84.

Moseley, C.W.R.D. tr., *The Travels of Sir John Mandeville.* Penguin Books, 1983.

Ohler, N. *The Medieval Traveller*, translated by C. Hillier, Cambridge: The Boydell Press, 1989.

Pearsall, D. *The Life of Geoffrey Chaucer.* Oxford: Blackwell, 1992.

鯖田豊之『ヨーロッパ中世』(世界の歴史9) 東京：河出書房新社，1989.

塩見知之訳『チョーサーの夢物語詩』東京：高文堂，1981.

Ward, A.W. and A.R.Waller ed., *The Cambridge History of English Literature.* (Vol.II). Cambridge: Cambridge UP, 1908.

Zacher, C.K. *Curiosity and Pilgrimage.* Baltimore and London: The Johns Hopkins UP, 1976.

中世の＜旅する人＞

— 天のエルサレムと地のエルサレム —

水 田 英 実

1　はじめに ── 旅と巡礼 ──

　試みに「旅」ということばを辞書で引いてみると，普段住んでいる所を離れて一時よその土地に行くことを意味するとある。じっさいの用例では，もう少し心理的・身体的なニュアンスが，付け加わっていることが多いのではないかとも思う。しかし，そういう付帯性をすべて切り捨ててしまえば，要するに時空間の移動を旅と呼んでいるということになりそうである。

　たしかに最近はいろいろな交通手段が発達し，高速化・多様化しているから，思い立ったら，適当な乗り物を駆使してその日のうちに地球の裏側まで行くことも簡単にできてしまう。旅情を味わう暇もないわけである。反対に，野宿をいとわず徒歩で何日もかけて旅行をするなどという人はきわめてまれであり，ときどき大事故がおこることがあるので油断は禁物であるけれども，基本的に移動の安全性と快適性が充分に確保されるようになった昨今では，その昔，旅をするときは誰しも魔よけの草を結び，それを枕にして野宿を重ねた

から,「草枕」といえば「旅」を連想させるなどという枕詞の説明をしても訝しがられるのが落ちであろう。

　「巡礼」の旅の場合はどうか。「お遍路」と呼ばれる霊場巡りは,有名な四国八十八カ所巡りの場合など,いまも年間20万人ともいわれる人たちが,金剛杖を携え,白装束に身を包んで訪れているという。もっともその大半は,バスや自動車を利用して巡拝をする人たちであって,約1200キロ（自動車なら約1400キロ）の道程を40日ほどの日程で歩き通す人は,それほど多くないとも聞く。

　〔補足〕真言宗を開いた空海（弘法大師,774-835）の身代わりとして金剛杖を持ち(つまり同行二人),空海にあやかって,かつて空海が修行をした霊場（札所）ごとに参拝のしるしの札を納めながら,1番(徳島県・霊山寺)から88番(香川県・大窪寺)まで順に巡り終えると,満願（結願）の日を迎えることになる。しかしこの四国巡礼も,西国巡礼と同様,既に江戸時代に大衆化・風俗化して今日にいたっており,物見遊山の性格も帯びていて,必ずしも宗教行為として明確に自覚されているわけではない。その反面,あくまでも霊場（聖地）を巡る行為として,何らかの宗教性を帯びていることも否定できない。

　西国巡礼は,和歌山県那智の青岸渡寺から大阪・奈良・京都・滋賀の諸寺を経て,岐阜県谷汲の華厳寺にいたる三十三所観音霊場巡りである。起源については8世紀に初瀬寺(長谷寺)の徳道上人,あるいは10世紀に花山天皇が始めたというがはっきりしな

い。江戸時代には板東三十三所や秩父三十三所を巡る観音巡礼も行われるようになった。このほか伊勢参りや熊野詣も，江戸時代に大衆化したことにより，盛んに行われるようになった。

ヨーロッパでも，中世以来，キリスト教の三大聖地（エルサレム，ローマ，コンポステラ）をめざして盛んに巡礼が行われたことが知られている。パレスティナ紛争が不穏さを増しているため，エルサレム行きは控えたほうがよいという配慮が働いているせいか，このところエルサレム巡礼に関してはあまり旅行案内も目にしない。

しかし，ローマ観光をかねてバチカンに詣でる人たちを乗せた何台もの観光バスが，サン・ピエトロ広場の駐車場に連なる光景の方は，毎日変わらないようである。中世以来，聖ペテロと聖パウロの殉教地である聖地ローマを訪ねる巡礼者たちの大多数は，北からフラミニア街道を通って南下し，ポポロ広場にあるフラミニア門（ポポロ門）で入国許可を申請したという。コルソ通りを歩いて，サンタ・マリア・デル・ポポロ教会(1100年頃)や双子教会(17世紀末)とオベリスク(16世紀)のあるポポロ広場を訪れる人はいまも多い。とはいえ徒歩でローマ巡礼を企てる人をみかけることは，いまどきまずない。

これに対して，カミノ・デ・サンチャゴ（サンチャゴ巡礼の道）を辿って，スペインの北西端にあるサンチャゴ・デ・コンポステラの大聖堂（聖ヤコブの遺骸は地下の祭室に安置されて

いる）にいたる巡礼路は他と違う。フランスからピレネー山脈を越えてスペインの北部を西端まで徒歩で踏破する巡礼者が、いまもって絶えないことがよく紹介されるからである。

サンチャゴ巡礼の道は何本もあったことが知られている。1993年にカミノ・フランセス（フランスの道）と呼ばれるメインルートのスペイン側が世界遺産に登録された。続いて1998年にル・ピュイを起点とするフランス側のルートの一部（約700キロのうちの160キロほど）、1999年にパリを起点とするルートが通るボルドーに近いサンテミリオンも登録された。「サンチャゴ」は、聖ヤコブのスペイン語読みで、キリストの十二弟子の一人である。弟子中の最初の殉教者であったことが『聖書』に記されている。「（ヘロデ王は）ヨハネの兄弟のヤコブを剣（つるぎ）で殺した。」（『使徒行録』12,2）その遺骸がスペインに葬られたとするのは9世紀の伝説である。「コンポステラ」は、星の野原の意味で、星が現れて数世紀間にわたって不明になっていた聖ヤコブの墓を示したという伝説にもとづいて名付けられたとされる。墓の発見は、813年のことだという。

サンチャゴの大聖堂

中世の〈旅する人〉　181

　フランス側の主要な巡礼路の起点は四つ（パリ，ウェズレー，ル・ピュイ，アルル）ある。この四つのルートは，教皇カリクストゥス二世の書簡を序文にして12世紀に出された『聖ヤコブの書』の第五巻として収録された『巡礼の案内』に記載がある。ただしそこでは，起点の一つはパリに近いオルレアンになっている。またアルルではなく近郊のサン・ジルを起点にしている。最初の三つの起点から発したルートは，オスタバで一つになってスペインに向かうルートをとり，3000メートル級の山が連なるピレネー山中のサン・ジャン・ピエ・ド・ポーを通って国境を越えてスペインに入り，最初の巡礼宿（アルベルゲ）のあるロンセスバジェスから，スペイン国内約800キロの道程を経て，聖ヤコブの墓を目指す。もう一

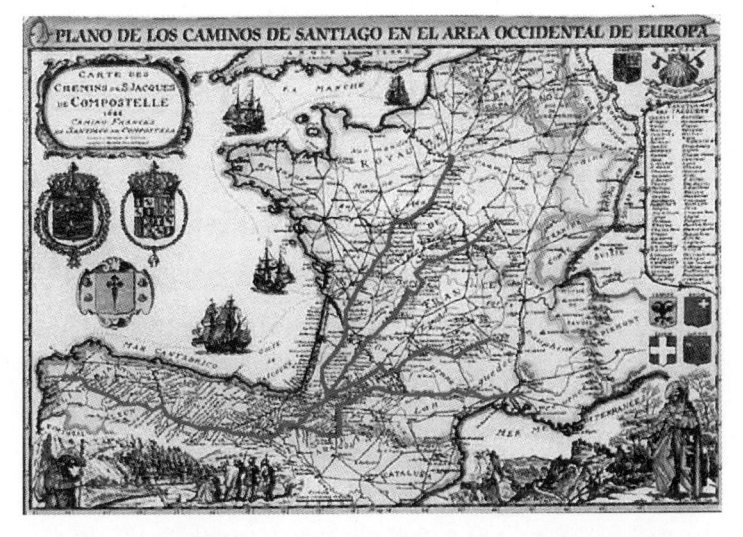

サンチャゴへの道を記した17世紀の地図（主要路の強調は筆者による。）

つのルートは，アルルからツールーズを経たあと，ピレネー山脈を越えてハカを通り，プエンテ・ラ・レイナで他のルートと合流する。

ホタテ貝のシンボルで知られるこの巡礼は，9世紀にサンチャゴ・デ・コンポステラで聖ヤコブの墓が発見されたことから始まり，最盛期（11・12世紀）の参拝者数は年間50万人に達していたという。(ホタテ貝はコンポステラのあるガリシア地方の特産物であるところから，これを持ち帰ることが巡礼行の証になった。いまも巡礼のシンボルとして胸に下げるなどして歩く人が多い。道しるべにもホタテ貝のしるしが用いられている。) ただし14世紀になると忘れ去られ，17世紀から18世紀にかけてフランスからの巡礼者が再び増加したという。世界遺産として整備されつつある，ル・ピュイからのルートは，約1500キロの行程になる。

ベナレス（ヒンズーの聖地）やメッカ（イスラムの聖地）など，いまなお多くの信者たちが集まることで世界的に知られた古くからの巡礼地はほかにもある。フランスのルルドなど比較的新しい聖地もある。ある宗教の教祖あるいはそれに類する聖者たちが生まれ死んだ場所，あるいはその他の事跡の故に，神が宿る特別な場所と考えられるにいたったところが聖地として人々を集める現象は，敬愛する人のゆかりの土地を訪ねるときの心情にも似た，人間のごく自然な感情の現れとして説明できるかもしれない。その意味では聖地を訪ねる巡礼の旅もまた，日常の世界から非日常の世界への時空間移動として，もはや必ずしも自覚的な宗教行為とは限らな

い，きわめて人間的な（何らかの仕方で聖なるものの顕れを体験しようとするという漠然とした意味では，宗教的な）行為でしかないと言うこともできよう。

　それでは日常から非日常への時空間移動としての「旅」は，中世ヨーロッパにおいてどのような意味を持っていたのであろうか。現存する中世の写本に残された巡礼姿は，頭陀袋を

パリ，サント・ジュヌヴィエーブ図書館所蔵の 14 世紀の写本に収録された挿絵の一つ。Paule Amblard (éd.), *Le Pèrelinage de Vie Humaine* による。人生を多事多難な巡礼の旅路になぞらえている。

肩にかけ，つば広の帽子をかぶり，長い杖を持っている。しっかりした靴を履いているのは，明らかに典型的な徒歩旅行者の姿である。

　むろん馬などの乗り物を利用した例もあった。しかし，交通手段がいまほど発達していない時代の旅は，主として徒歩旅行であったであろうから，そのための宿泊設備や救護設備の整った巡礼路が徐々に整えられていったにしても，多大の時間と労力を要したに違いないことは容易に推測できる。そうだとすれば，旅の行為そのものに伴う特性としての長い過程はどのように過ごされていったのか，また，容易に予想さ

れる苦難を押してあえて旅をする行為者としての人間自身に由来する動機・目的は何であったのか。

こういったことは、現代のわれわれにとって、たとえば現存する『エゲリア巡礼記』(4世紀末頃にガリシア地方出身の修道女によって記された聖地エルサレムへの巡礼の書。原題は『エゲリアの旅行記』 *Itinerarium Egeriae*) やその他の古い記録によってある程度推察できるにしても、正確には不明である。贖罪や報恩といった、宗教行為としての巡礼における動機・成果と考えられる要因を、中世ヨーロッパにおいても共通して見出すことができるであろう。しかし同時に、エルサレム奪回をめざす十字軍運動もまた武装した巡礼であったと言うことができるし、イベリア半島においても、レコンキスタ(国土回復運動)と称する対イスラム戦争が8世紀に始まり、15世紀にグラナダの奪還で終了したことと、サンチャゴ・デ・コンポステラへの巡礼が盛んに行われた後に忘れられていったこととの相関関係も見過ごすことができない。もっともこの点を解明するためには、いっそう充分な資料の調査が必要であることは言うまでもない。

そこで、ここではもう少し別の観点から、中世ヨーロッパにおける巡礼の旅について考察を加えてみたいと思う。それは、中世ヨーロッパにおける時空間移動としての旅とキリスト教信仰との関係を、主として『聖書』に取材して明らかにすることを試みたいと思うからである。純粋に宗教行為として見た場合、巡礼者たちは贖罪等の動機とは別に、信仰者としての生を全うするために聖地を目指したのではないかとい

う点に着目することを通して、天のエルサレムと地のエルサレムを対比させながら、中世の「旅する人（ホモ・ヴィアートル）」の特徴を探ってみたいと思う。

2　エルサレム巡礼 ── 上京の詩篇 ──

『詩篇』の中に「上京の詩篇」と呼ばれる一連の歌がある。『詩篇』第120番から第134番まで（ヴルガタ訳では119番から133番まで）の15の詩篇にこの見出しがついているのである。（フランシスコ会聖書研究所が翻訳した原文からの批判的口語訳による。ヘブライ語原文に依拠して訳された日本聖書刊行会『新改訳聖書』でも「都（みやこ）上りの歌」となっている。）この一群の詩篇は、巡礼者たちの歌として、パレスティナ全土から、あるいはパレスティナから遠く離れた離散の地から、エルサレムの神殿で行われる祝祭に集うために、神殿のある聖なる都をめざして旅をする巡礼者のさまざまな心情を歌っていると想定することができる。

もっとも「上京」は意訳であって、原語は「のぼり」を意味しているに過ぎないところから、古来いろいろな意味に解されてきた。ヴルガタ訳は「階段を上る」ときに歌われたという解釈に従っている。（ヴルガタ訳に準拠して訳された光明社本の『旧約聖書』第三巻所収の『詩篇』には「階（きざはし）の歌」Canticum graduum とある。）

この15の詩篇に付けられた見出しについて、学者たちに

よれば,「その意味はいろいろに解されているが, これらの詩は, 年一回祝う祭りのためにエルサレムに上京してくる巡礼者が歌ったものとみるのが, いちばん普通の解釈のようである。他の学者は, バビロンからエルサレムまで「上る」捕囚の大帰還とみる。その旅のあいだに, これらの詩のいくつかは作られたのかもしれない。さらに, 他の学者は, 神殿内の婦人の庭からイスラエル人の庭に上る十五の階段で, レビびとがこれら十五の詩を歌った慣習に由来すると考える。この意味において, これらは階段詩篇とも呼ばれている」(フランシスコ会訳『詩篇』120 番注 (2)) とされる。

たしかに「悩みのときヤーウェに呼び求めると, ヤーウェは答えられる。／ヤーウェよ, 偽りのくちびるから, 欺きの舌から救ってください。(第一〜二節)」と歌い始め,「わたしは不幸な者, メセクに宿り, ケダルの天幕に住んでいる。／わたしは平和を憎む者とともに, あまりにも久しく暮らしてきた。／わたしは平和をとなえるが, かれらは戦いをいどむ。(第五〜七節)」と結ぶ最初の詩篇 (120 番, ヴルガタ訳 119 番) は, イスラエル人に対して好意をもたない好戦的な人たちの住む「異国に, よそものとして住んだある個人が, 大きな危険から救われることを嘆願する歌と解したほうがよさそう」(同, 注 (1)) とされる。

「上京の歌」という見出しの意味について, いろいろな解釈があり, じっさいにいろいろな意味がありうるにしても, 別に矛盾が生じているわけではない。様々な人たちによって巡礼が行われたであろうし, 巡礼者たちが旅の途上で新しい

歌を創作することもあれば，他で歌われた既存の歌を口ずさむこともあったであろう。また旅の途上に限らず，他の場所でも巡礼者の心情をもって巡礼の歌が歌われたということもありうるからである。その意味では，少なくとも外見的に時空間の移動を伴わない場合もありえたわけである。そうだとすると，巡礼という宗教行為において，時空間移動としての旅の要素はどのような意味を持っていたのであろうか。

グレゴリオ聖歌の一つに「レタートゥス・スム」という名前のついた歌がある。それはこの上京の歌の中でも特に巡礼者の歌として知られている，エルサレム入城を歓喜する歌である。(詩篇122番，ヴルガタ訳121番。ちなみにサント・ドミンゴ・デ・シロスのベネディクト会修道士たちが歌う「レタートゥス・スム」の歌詞は，この詩篇の第1節と第7節である。)

この歌は，「年に三回，お前はわたしのために祭りをしなければならない」という律法の規定に従って，(ただし律法に定める回数は無理があったので，じっさいには三つの祭りのうちのどれか一つに，つまり年に一度) 大きな祭りのときに神殿のあるエルサレムに上る巡礼団のひとりが歌ったものと考えられている。この規定は『出エジプト記』23,14にある。三つの祭りは，種なしパンの祭り (過越祭)，刈り入れの祭り (五旬節，ペンテコステ)，取り入れの祭り (幕屋祭) の三大祭を指している。(「年に三度，男たちはみな，主ヤーウェの前に出なければならない。」(同，23,17) とあるように，「祭りをする」というヘブライ語「ハガグ」(名詞は「ハグ」) は聖所への巡礼の意味を含んでいる。同語根のアラビア語「ハジ」も聖地メッカへの巡礼を意味して

いる。）

　ヴルガタ訳の歌詞，およびヘブライ語からの日本語訳（フランシスコ会訳）は次の通りである。

(1) Laetatus sum in his quae dicta sunt mihi:/ In domum Domini ibimus;

(2) stantes erant pedes nostri in atriis tuis, Ierusalem.

(3) Ierusalem, quae aedificatur ut civitas,/ cuius participatio eius in idipsum.

(4) Illuc enim ascenderunt tribus, tribus Domini, testimonium Israël,/ ad confitendum nomini Domini.

(5) Quia illic sederunt sedes in iudicio,/ sedes super domum David:

(6) rogate quae ad pacem sunt Ierusalem/ et abundantia diligentibus te.

(7) Fiat pax in virtute tua / et abundantia in turribus tuis.

(8) Propter fratres meos et proximos meos luquebar pacem de te.

(9) Propter domum Domini Dei nostri quaesivi bona tibi.

(1) 「ヤーウェの家に行こう」と言われたとき，わたしは喜んだ。

(2) エルサレムよ，われらの足は，今，あなたの門のうちに立っている。

(3) エルサレムは築かれて町となり，すべての中心となった。

(4) そこにはもろもろの部族が上ってくる、イスラエルへのさとしに従い、/ヤーウェの名に感謝するために。

(5) そこには、さばきの座、ダビデの家の座が設けられている。

(6) エルサレムの平和を祈れ、「あなたを愛する者に平安あれ、

(7) あなたの城壁のうちに平和あれ、あなたの宮殿のうちに平安あれ」。

(8) わたしは兄弟や友のために言おう、「あなたのうちに平和あれ」。

(9) われらの神ヤーウェの神殿ゆえに、わたしはあなたのために恵みを願おう。

　この歌の第一節は、エルサレムへの巡礼の旅の終わりに、巡礼の発端となった誘いの言葉とその言葉をかけてもらったときの喜びの気持ちを思い起こして、「嬉しかった」と歌っている。巡礼の旅が終わりの時を迎えていることは、第二節からわかる。巡礼団は既にエルサレムの城内に入ったと言っているのである。聖なる都エルサレムのただ中に立って、眼にした都の壮大さに感動している (第三節)。

　続く第四節、五節において、この都が持っている眼に見えない重要性にも気づいて、ユダヤの諸部族の宗教的中心地であることを歌う。かつて (紀元前10世紀頃) ダビデが契約の櫃をエルサレムにもたらし、ソロモンが神殿を建てたときから、契約の民イスラエルはエルサレムを唯一の聖地としてこの地で主なる神との絆を確かめ、神の民の深い一致を実感してきたのである。

　第六節から繰り返してエルサレムの「平和」を願っている。

この巡礼者の祈りがエルサレムの「平和」に収斂していくのがわかる。巡礼団がエルサレムに入るとき,「平和」(シャローム) の挨拶をし, またそのための祈りをするならわしがあったという。(『ヘブライ人への手紙』(7,2) に「サレムの王, すなわち平和の王 (rex Salem quod est rex pacis)」という言い回しがある。)「エルサレム」が「サレム (平和) の町」として, 人々の平和の根源であり, 神の民イスラエルの諸部族の中心であるのは, 神がエルサレムの神殿に座しているからだと歌う第九節で, この歌は締めくくられている。

3　旅する人か留まる人か

ところで「巡礼」を意味する英語は, いわゆる「ピルグリム・ファーザーズ (Pilgrim Fathers)」の「ピルグリム」である。この英語はラテン語の「ペレグリヌス (peregrinus)」に由来している。しかし前述の一連の詩篇の最初のもの (120番, ヴルガタ訳 119 番) は, 異国に住む人が歌ったと思われる歌であるけれども, その中の「あまりにも久しく 暮らして きた」(第6節。下線筆者, 以下同じ。現行のヴルガタ訳は, multum incola fuit anima mea) という一節を, multum peregrinata est anima mea と訳している例 (ヘブライ語本からのラテン語訳) がある。

これによれば「ペレグリヌス (peregrinus)」は, 通過・移動の過程にある人だけではなく,「住む人」incola の同義語とし

て，移動の結果として別の土地に住むようになった人つまり「(異国に) 留まる人」も含んでいることになる。というより，何十年にわたる長期の滞在者であっても，郷里を離れているという理由であくまでも「旅する人」として移動の途次にあると考えられているわけである。いわば在留邦人が，他の観光旅行者と同様に国籍を示す旅券を持って，外国に滞在しているようなものであろう。(なお，*Oxford Latin Dictionary* によれば，原語の per-ager は，who has gone through lands i.e., who is on a journey, abroad, away from home を意味する。)

『創世記』第 12 章のアブラハムについての記事の中にも，「エジプトに下り，そこに 留まった」(12,10: descenditque

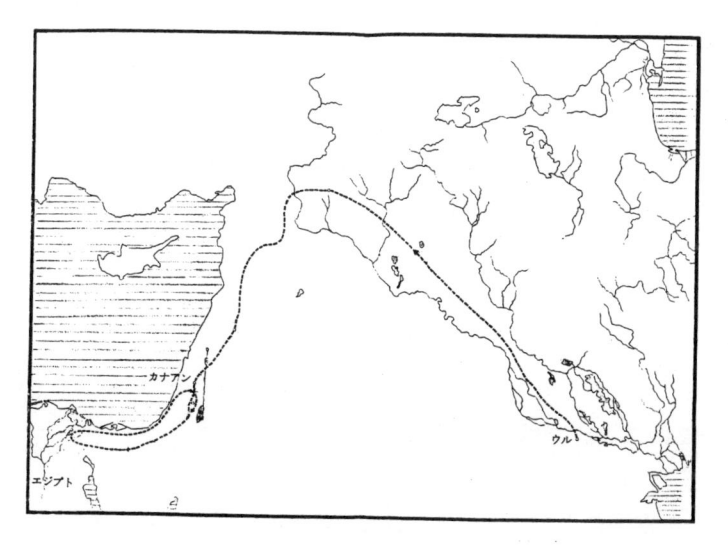

アブラハムの旅。ユーフラテス川下流の古代バビロニアの町ウルを出てカナアンに到り，一旦エジプトまで行った後，再びカナアンに戻る。

Abram in Aegyptum ut peregrinaretur ibi.) という用例が見出される。ここでも「留まる人」を意味している。いうまでもなく異国に留まる人を指している。もっともアブラハムにとって，約束の地として最後に辿り着いたカナアンが，生まれ故郷のウルを離れて移り住むことになった土地であった。

カナアンは，この後にアブラハムを祖とするイスラエル人が占拠して先住のカナアン人から奪い取ったことによって，パレスチナと呼ばれるようになる。「ひとりの，しかも，死んだと同様の人から，空の星のように，また，数え切れないほどの海辺の砂のように，おびただしい子孫が生まれてきた」(フランシスコ会訳『ヘブライ人への手紙』11,12) のである。『創世記』の記事によれば，アブラハムがヤーウェの召し出しを受けて，それに従ったことに，その発端があった。

> ヤーウェはアブラムに言われた，「おまえの国，おまえの親族，おまえの父の家を離れ，わたしがおまえに示す地に向かえ。／わたしはおまえを大きな民にする。」(同『創世記』12,1-2.「アブラム」は後に神によって「アブラハム」に改められる。同 17,5 参照。)

このことに言及してパウロは次のように書き記している。

> 信仰によってアブラハムは，遺産として受けるべき地に出かけて行けとの召しにこたえて，行く先も知らぬままに出かけたのです。／信仰によってアブラ

ハムは，神の約束の地にあたかも異国の地にいるかのように留まり，同じ約束を共に受け継いだイサクやヤコブ同様に幕屋に住みました。／アブラハムは，堅固な土台の上に立てた都を待ち望んでいたのです。この都の設計者，かつ建設者は神なのです。(同『ヘブライ人への手紙』11,8-10)

ここにいう「都」は天のエルサレムを指している。それは「かれらがあこがれていたのは，もっと良い所，すなわち天の故郷だったのです。それで，神は，彼らの神と呼ばれることを恥ずかしいと思いませんでした。神は，彼らのために都を準備されていたからです」(同『ヘブライ人への手紙』11,16)と言われていることによる。「カナンの地よりもすぐれたもの，すなわち天のエルサレムを準備した」(同節注14)とされるからである。なお，「天のエルサレム」という呼称は，パウロの用語である。(「あなたがたが近づいているのは，シオンの山，生ける神の都，天のエルサレム，大軍のみ使いの喜びの集いです。」同，12,22)

さてそうすると，アブラハムは，生地ウルを離れて別の土地にいるかぎり，異国に留まる人にほかならないということになるだけでなく，天の故郷と呼ばれている天のエルサレムに対して望郷の念を抱いているかぎりにおいて，もう一つの意味で，異国に留まる人にほかならないことにもなる。じっさい『ヘブライ人への手紙』の中でパウロは，アブラハムたちの生まれ故郷とは別に天の故郷があることを明記し，アブ

ラハムたちが自分たちの故郷として求めたのは，天の故郷の方であったとしている。

> これらの人々はみな，信仰をいだいて死にました。彼らは，約束されたものを受け取りませんでしたが，しかし，はるかにそれを望み見て歓呼の声をあげ，自分らは，この世では異国人であり，旅人にすぎないことを表明しました。(同『ヘブライ人への手紙』11,13: (ヴルガタ訳) iuxta fidem defuncti sunt omnes isti non acceptis repromissionibus sed a longe eas aspicientes et salutantes et confitentes quia peregrini et hospites sunt supra terram.)

　この世では異国人であり旅人にすぎないと言われているのは，約束の成就を信じて故郷を離れただけでなく，その信仰の故に天の都を志向してこの世の生を送る間，異国人・旅人として過ごす人たちであった。それは旅する人でもあれば留まる人でもあった。しかしその旅が，時間的空間的世界と非時間的非空間的世界の間を移動することを意味しており，時空を越えた世界の住人として，束の間，時空の限定された世界に留まる人として，天のエルサレムへの途上にある巡礼者の生を送ることを意味している。この意味で，キリスト信者のパレスチナ巡礼は，時間の経過を伴いつつ空間を移動する行為であると同時に，時間空間を超越した信仰行為でもありえたわけである。

4 キリスト教時代の聖地巡礼

『旧約聖書』に描き出された時空間には、さまざまな聖所があったことが分かる。まずアブラハムが75歳のサラを連れてカナアンの地に着いたときに次のような記事がある。

> アブラムはその地にはいり、シェケムの聖所、モレの大木のところに来た。そのころそこにはカナアン人が住んでいた。／ヤーウェはアブラムに現われて、「わたしはこの地をおまえの子孫に与える」と言われた。アブラムは自分に現われたヤーウェのために、そこに祭壇を築いた。(フランシスコ会訳『創世記』12,6-7)

神はイサクにも出現する。(『創世記』の記述に従えば、イサクは90歳のサラから生まれている。)

> イサクはそこからベエル・シェバに上った。／その夜ヤーウェがかれに現われて言われた、「わたしはお前の父アブラハムの神である。恐れることはない。わたしはお前とともにいるから。おまえを祝福し、おまえの子孫をふやそう。わたしのしもべアブラハムのゆえに」。／イサクはそこに祭壇を築き、ヤーウェのみ名を呼び、そこに天幕を張った。(同、26,23-25)

あらかじめ向かうべき聖所が示された上で，その地へと旅立っているのは，ヤコブの場合である。これは『創世記』の中で，身を清めることなど，巡礼の作法が守られている唯一の例である。

> 神はヤコブに，「立て。ベテルに上ってそこに住み，かつておまえが兄エサウからのがれていた時，おまえに現われた神に祭壇を築け」と言われた。／ヤコブは自分の家族および自分とともにいるすべての者に言った，「おまえたちのところにあるよその国の神々を取り除き，身を清め，着物を替えよ。／われわれは立って，ベテルに上りそこに祭壇を築こう。神は苦難の日にわたしを助け，わたしの歩んだ道でわたしとともにおられたから」。(同，35,1-3)
> ヤコブおよびかれとともにいたすべての人々は，カナアンの地ルズ，すなわちベテルに来た。／かれはそこに祭壇を築き，その所をエル・ベテルと名づけた。かれが兄からのがれていた時，神がそこでかれにご自身を示されたからである。(同，35,6-7)

バビロン捕囚（紀元前6世紀）の後，エルサレムの神殿のみを残して，他の地方の諸聖所は廃止され，年三回（じっさいは一回）イスラエルの唯一の聖所となったエルサレムへの巡礼が義務づけられることになる。ユダヤ人は12歳で「律法の子」となり，律法の規定を守る義務が生じたのである。

ナザレで成長したイエスが 12 歳のときに上京して神殿に詣でているのも、このことの反映である。

> さて、両親は、毎年、過越の祭りのときには、エルサレムへ上っていた。／イエズスが十二歳になられたときも、かれらは祭りのならわしに従って都に上った。／……（中略）……イエズスが神殿で、学者たちに囲まれてすわり、かれらのことばを聞き、また、かれらに質問しておられるのを見つけた。（同『ルカによる福音書』2,41-46）

イエスは宣教を始めた後も、種々の祝祭のためにエルサレムに詣でている。しかしその一方でエルサレムの神殿の崩壊を預言し（つまり、地上の都としてのエルサレムへの巡礼を否定し）、新しい神殿として復活したキリストの体がそれに取って代わることを明言している（同『ヨハネによる福音書』2,13-22）。

また、「（先祖が礼拝した）この山でも、エルサレムでもない所で、おん父を礼拝する時が来る」（同、4,21-24）とも言う。新たに選ばれて神の民となったキリスト教徒の生活そのものが、神の民に約束された永遠の生命を得るに至る終末の時に向かう巡礼の日々にほかならないと考えられるようになったのである。

『パウロ書簡』にも次のように記しているところがある。

それでわたしたちはいつも安心しており，この体に住みついている間は，主のもとを <u>離れている</u> のだと知っています。見えるものによってではなく，信仰によってわたしたちは生活しているからです…。わたしたちは安心しており，また，体の <u>住まいを離れて</u> 主のもとに住みつくほうがいいと思っています。(同『コリント人への第二の手紙』5,6-8: (ヴルガタ訳) Audentes igitur semper scientes quoniam dum sumus in corpore <u>peregrinamur</u> a Domino /(per fidem enim ambulamus et non per speciem),/ audemus autem et bonam voluntatem habemus magis <u>peregrinari</u> a corpore et praesentes esse ad Deum.)

　ヴルガタ訳が「ペレグリナーリ (peregrinari)」を充てている語は，ギリシア語原文では，「住まい (郷里) を離れる (ἐκδημῆσαι)」であって，「住まい (郷里) に居る (ἐνδημῆσαι)」と対をなす表現である。しかしこの表現は，この世に生きている間、体においてあるということと，後の世には天国において，主のもとにいるであろうこととを対比させて，二つの居場所があることを示しているというよりは，本来の居場所が一方に定まっていれば，他の場所に居たとしても，そこを本来の居場所にすることにはならないという択一の関係を示しているのであろう。つまり他の場所をいわば第二の故郷としてそこに落ち着くことはないのである。その場合に，この世にいる間，主のもとを離れていても本来の住処は常に主の

もとにあると言うことができる。

「ペレグリナーリ (peregrinari)」にも同様の語感がある。『新約聖書』において「ペレグリナーリ (peregrinari)」としての巡礼の旅の持つ意味は、単なる時空間の中での別の場所への移動であるよりはむしろ、時空間の中で行われる営みを通して、本来の居場所である非時間的・非空間的世界への移行を志向することであり、その隔たりの自覚を伴う信仰行為として特徴づけられているのである。

地上の特定の聖地（地のエルサレム）をめざして行われる巡礼ではなく、神の民として選ばれたことを自覚し、その選びに自らすすんで応じるために、アブラハムの前例にならって生地を離れ、じっさいに異郷での禁欲生活を営むことこそが、天のエルサレムへの巡礼の途次にあるものにふさわしいという理念が形成されていったのである。このような理念にもとづいて、6世紀・7世紀頃にアイルランド出身の修道士たち（聖コルンバ、聖コルンバヌス等）が、アイルランドを離れ、ヨーロッパの広い範囲で居所を定めない生活を送り、周囲に影響を与えていった結果としてキリスト教を広めることになったことが知られている。中世ヨーロッパがキリスト教世界として歴史的に形をとっていった時期のことである。もっともその後、カロリング時代には修道士たちの定住化が図られ、西欧世界からは放浪する修道士たちの姿は消えてしまう。

〔補足〕東欧では、非定住型の修道生活が 18 世紀ないし 19 世

紀まで存続していたと言う。西欧において修道士たちの定住化が図られたのは，修道院改革が行われた 9 世紀に,「定住」stabilitas loci を定めたベネディクト (c.480-c.542) の戒律が，アーヘン教会会議 (817) において唯一の修道院規則として採用されたことによる。『聖ベネディクトの戒律』 *Regula Sancti Benedicti* は 6 世紀に書かれた。(530-560 年の間にモンテ・カシノで書かれたとされ,『ラテン教父全集』第 66 巻に Benedictus Nursiae, *Regula cum commentariis* が収録されている。) 修道院というキリスト教共同体において福音の精神をいかに実践するかについて具体的な指針を与えたものである。これによって，1 日平均して 6-7 時間の労働と 3 時間以上の読書が義務づけられた修道士たちは，農地の開拓，ロマネスクや後にはゴシックの建築，写本，教育・施療にたずさわることになった。

　ベネディクトは砂漠の修道生活（エジプトの修道制）を伝えるカッシアヌス (Johannes Cassianus, c.360-430/435) を介して『師の戒律』 *Regula Magistri* における東方の伝統を学ぶ一方，西欧の修道制を代表するアウグスティヌスから影響を受けている。カッシアヌスの『師父たちの講話』 *Collationum XXIV* には「共住修道生活は使徒たちの宣教とともに始まった」(18,4) とある。(『講話』は『ラテン教父全集』第 49 巻に収録されている。『聖ベネディクトの戒律』の最終章 (73,5) に, *Collationes Patrum et Instituta* として, カッシアヌスの『講話』と『共住修道制規約』への言及が見られる。) 『聖ベネディクトの戒律』にアウグスティヌス (Augustinus, 354-430) の名前・書名は見あたらない。しかし,「思いも心も一つにしていた」原始教会の信者たちの精神こそが修道士の鑑であるとするア

ウグスティヌスの共住修道生活観にならってベネディクトも，愛こそが共住修道生活を律する最高の規範であり，この規範に添って相互に助け合わなければならないとしている(『戒律』35,1)。

　ベネディクトの戒律に従う修道士たちによって築かれていった修道院文化によって，ヨーロッパ中世に文化的な復興がもたらされる。ゲルマン民族の侵入によって古代ローマの社会秩序が崩壊し，古典的な教育制度も失われてしまったために，古代文化が壊滅的な状態に陥っていた中で，6世紀の終わりにこのような変化の兆しが現れたのである。

　この変化にはグレゴリウス一世 (Gregorius I, 540-604) の寄与するところが大きい。この教皇は，ベネディクトの伝記作者でもあった。グレゴリウス一世の著書『対話』(*Dialogi*, 593-594) の趣旨は，霊的な人間になるには，何も修道生活の栄えていたエジプトの砂漠あるいはガリアなどに行かずとも，イタリアにおいて実現可能であるということを示すところにあった。その例として，同時代の数多くのイタリア人司教，修道士たちの行った奇跡や不思議な出来事を語っており，第二巻全てをベネディクトにあてている。

　グレゴリウス一世は教皇在位中 (590-604)，私邸にあった修道院の修道士たちをイングランドに派遣している。604/609 年に没したカンタベリーのアウグスティヌスもその一人である。かれらによって設立されたイングランドの修道院で，ベーダ (Beda, 672/673-735)，アルクィヌス (Alcuinus,c.730-c.804) らが輩出した。アルクィヌスがカール大帝によってフランク王国の首都アーヘンに招かれ，文化的基盤形成に重要な役割を果たし，十二世紀ルネサンスにつながる貢献するにいたったことは周知のとおりである。

ところでこの時期に，混乱状態にあった大陸とは対照的に，アイルランドで高度なケルト文化が開花し，修道院を中心とする教会組織が整備された。アイルランド修道士コルンバヌス (Columbanus, c.543-615) は，大陸での活動の拠点として，ヴォージュにリュイクス修道院を設立したあと，各地に多数の修道院を設立している。この過程でアイルランドの修道士たちの生活に，コルンバヌスの厳格な戒律に加えて，ベネディクトの戒律が取り入れられていくことになった。

その後，カール大帝による修道院改革が進み，フランク王国の修道院はベネディクトの戒律を生活綱領として採択することが命じられる (779年のヘルスタル勅令)。さらに，大帝の子ルートヴィッヒ敬虔王のときに開催されたアーヘン教会会議 (817) において，ベネディクトの戒律を唯一の修道規則とする勅令が発せられるにいたり，放浪生活を営む修道士は西欧世界から姿を消すことになったのである。

しかし『戒律』最終章において，ベネディクトは修道士たちを「修道生活の完成への道を急ぐ者」ad perfectionem couersationis qui festinat (73,2; 古田訳参照) と位置づけている。つまり，修道生活をする人たちを，天国への道を旅する巡礼者ととらえているのである。言い換えれば，ベネディクトの修道生活においても，巡礼というあり方が，信仰者のあり方として選び取られているのである。

「ペレグリニ (peregrini)」は，いまもカトリック教会内の用語として使用されている。それは「住所はもっているけれ

ども，そこに居住しない信者」を指すことばである。この人たちは，「その居住地に行われる教会法に従うことになっている」点で，「住所さえもたない不定住信者と区別される」という。

一方，キリスト教徒による聖地エルサレムへの巡礼の起源は，4世紀にコンスタンティヌス大帝が出したミラノ勅令(313年)によって，キリスト教信仰が帝国内で公認された頃にさかのぼることができる。この時期から始まり，十字軍の時代を経て，13世紀以降の長い中断の期間をはさんで，19世紀後半に再開されることになった聖地エルサレムへの巡礼において，昔も今もキリスト教徒たちがめざすのは聖墳墓教会である。この教会は何回も建て直されている。初代の聖墳墓教会は，ミラノ勅令が宣布された後の326年頃に聖地を訪れた，コンスタンティヌス帝の母ヘレナが，キリストが葬られたとされる墓を発見し，335年頃にその場所に教会を建てて寄進したものと伝えられている。

『エゲリア巡礼記』と呼ばれる，修道女の手になる旅行記が早い時期に執筆されている

聖墳墓教会

ることは先にも触れた。その時期は381-384年とされる。エゲリアの訪問地は，エジプト，パレスティナ，小アジア，コ

ンスタンティノープルに及んでいる。その後，十字軍遠征という武装巡礼も含めて，さまざまな人たちが聖地を訪れている。中には，スウェーデンのビルギッタ (Birgitta Suecica, c.1303-1373, 中世後期の女性神秘家) のように，すさまじい熱心さをもってスウェーデンのウプサラからイベリア半島のサンチャゴ・デ・コンポステラまで，あるいはローマまで何度もヨーロッパを縦断する巡礼の旅を繰り返した上，遂にエルサレム巡礼までも果たした人がいることも知られている。

　いったいこの人たちは，何を意図して巡礼の途に着いたのであろうか。巡礼の旅に限らず，一般に旅は日常を離れた行為であり，そのかぎりにおいて，この行為を通して，何か非日常的なことがらを達成すること（たとえば，贖罪のために文字通り生命を賭けた行為を代償とするというような考え）がこの人たちの念頭にあったのであろうか。あるいは反対に，この人たちの場合，日常の生活こそが異国に留まる「ペレグリニ（巡礼者たち）」のあり方にほかならないというような意識はなかったのであろうか。いずれにせよ，旅する人であって留まる人であるという「巡礼」の二義性に照らしてみるとき，その行為を重層的に理解することができる。キリスト教徒による聖地エルサレムへの巡礼に関しても，この点に注意を払わなければならないと思われるのである。

5 おわりに

中世の「旅する人」について，たとえば，遍歴する職人のあり方を当時のヨーロッパ世界の特徴としてあげることもできる。(阿部謹也『中世を旅する人びと－ヨーロッパ庶民生活点描』ほか参照。) しかし，これまで旅と巡礼をキーワードとして考察してきたのは，別の様相である。それは，キリスト教徒による聖地エルサレムへの巡礼には，旅に出ることによって日常の時空を離れることを通して現実化する巡礼という側面のほかに，日常の時空そのものが，聖書の世界と重層化されることによって，時空間移動としての旅に出るまでもなく，異国人であることを意識した巡礼者となるという側面がありえたという可能性である。

じっさいにこの両面を備えた「巡礼」の典型は，6 世紀・7 世紀のアイルランドの修道士たちによって具体化されていたのではないか。その後の中世ヨーロッパ世界では，この重層性はどのように理解されていったと考えればよいのであろうか。

単に時空間の中を移動するだけでなく，いわば時空間を越えて旅する人でもあることを自覚するということが，キリスト教信仰に特有の「巡礼」の理念であったとしたら，そのかぎりにおいて，中世ヨーロッパ世界において行われた巡礼を特徴づけるものではないと言わなければならないのであろうか。

というよりそのことはむしろ，この意味での「巡礼」の理

念は，あくまでもキリスト教信仰に特有の巡礼観として，まさに時空を越えて，現代にも通じるものであることを意味しているということになるのであろうか。じっさいもしそうだとすれば，もはや地上の特定の場所が聖地として霊界との接点になるのではなく，むしろ人間一人ひとりが二つの世界の接点となって日々の生活を送っているという新たな聖地観・巡礼観・人間観を提唱することができるということでもある。

その意味で，中世ヨーロッパにおける巡礼の旅についても，天のエルサレムと地のエルサレムの重層性を考慮にいれて考察するとき，中世の「旅する人(ホモ・ヴィアートル)」の特徴を常に二つの世界の接点にあって，いわば時空を超えて旅する人であったところに見出すことができる。それが中世人自身のものでもあったのか，現代のわれわれが投影しているにすぎないものであるのか，そのいずれかでしかないのか，それともいずれでもあるのかという点を明らかにするためには，さらに考察を続けなければならないけれども。

参考文献

Gramatica, Aloisius (ed.), *Bibliorum Sacrorum iuxta Vulgatam Clementinam Nova Editio*, (Vatican, 1959)

『聖書(原文からの批判的口語訳)』(『創世記』『出エジプト記』『詩

篇』『ルカによる福音書』『ヨハネによる福音書』『使徒行録』『パウロ書簡 II(一・二コリント)』『パウロ書簡 IV(テモテ・テトス・ヘブライ書)』) フランシスコ会聖書研究所 (1958f.)

『聖書 (新改訳)』日本聖書刊行会 (1970)

『舊約聖書』第三巻 (『詩篇』および『教訓書』) 光明社 (1957)

Egeria, *Diary of a Pilgrimage*, translated and annotated by G. Gingras, (New York, 1970)

太田強正 (訳)「エゲリア巡礼記」『人文研究』144 神奈川大学人文学会 (2001)

Birch, Debra J, *Pilgrimage to Rome in the Middle Ages*, The Boydell Press, (2000)

古田暁 (訳)『聖ベネディクトの戒律』すえもりブックス (2000)

谷隆一郎・岩倉さやか (訳)『砂漠の師父の言葉』知泉書館 (2004)

カッシアヌス『霊的談話集』(市瀬英昭訳) 上智大学中世思想研究所編『中世思想原典集成』第四巻「初期ラテン教父」所収 (1999)

阿部謹也『中世を旅する人びと―ヨーロッパ庶民生活点描』平凡社 (1978)

あとがき

本書は，2003年9月20日－10月18日に広島市まちづくり市民交流プラザで5回にわたり開催された，平成15年度広島大学公開講座（広島県高等教育機関協議会，広島市教育委員会，財団法人広島市ひと・まちネットワークまちづくり市民交流プラザ主催「シティカレッジ」と連携）「旅と巡礼―中世ヨーロッパの時空間移動」，および2003年11月7日に広島大学文学部で開催された同名のシンポジウムで発表された原稿が土台となっている。それぞれ本書のために加筆・修正がほどこしてある。前者はカモン・ケーブルテレビで，2004年2月14日から5回にわたって放映された。地村は上記期間イギリスで研修中であったので，上記のいずれにも参加していないが，本書のために原稿を書き下ろした。

本書はまた，広島大学中世ヨーロッパ研究会がこれまでに出版してきた『中世ヨーロッパに見る異文化接触』(2000年),『中世ヨーロッパ文化における多元性』(2002年),『中世ヨーロッパと多文化共生』(2003年)に続く第4集である。前三著と合わせてご参照いただければ幸甚である。

2004年9月

原野　　昇
水田　英実
山代　宏道
中尾　佳行
地村　彰之
四反田　想

Travels through Space and Time in Medieval Europe

CONTENTS

Preface	1
Travels in Medieval Europe: Knights and Pilgrims .... *Hiromichi YAMASHIRO* ...	7
Representation of Travels and Pilgrims in French Medieval Literature .... *Noboru HARANO* ...	47
Travel and Adventure in German Medieval Literature .... *So SHITANDA* ...	73
Travels in *The Canterbury Tales*: Their Structure and Meaning .... *Yoshiyuki NAKAO* ...	97
Chaucer and Mandeville's Travels: Travels and Pleasure in Medieval World .... *Akiyuki JIMURA* ...	141
Homo Viator in Medieval Europe: To the Heavenly Jerusalem .... *Hidemi MIZUTA* ...	177
Postscript	209
Contents	211
Contributors	212

著者紹介

原野　昇　　1943 年生
広島大学大学院文学研究科博士課程中退，パリ大学文学博士（DL）
広島大学大学院文学研究科教授
ピエール＝イヴ・バデル著『フランス中世の文学生活』白水社, 1993;
ジャック・リバール著『中世の象徴と文学』青山社, 2000;『狐物語』
（共訳）岩波文庫, 2002.

水田　英実　1946 年生
京都大学大学院文学研究科博士課程単位取得退学，博士（文学）
広島大学大学院文学研究科教授
トマス・アクィナス『知性の単一性について－アヴェロエス主義者たちに対する論駁』（中世思想原典集成 14）平凡社, 1993;『トマス・アクィナスの知性論』創文社, 1998; "The Human Being as a Knowing Subject in Relation to Information"『総合人間学研究』2, 2003.

山代　宏道　1946 年生
広島大学大学院文学研究科博士課程単位取得退学，博士（文学）
広島大学大学院文学研究科教授
『ノルマン征服と中世イングランド教会』1996, 渓水社;「ノルマン征服とバイユー＝タペストリー歴史叙述と図像資料－」『西洋史学報』29, 2002;『危機をめぐる歴史学－西洋史の事例研究－』（編著）刀水書房, 2002;「ノルマン征服と＜グローバリゼーション＞－教会改革運動と地域統合」『広島大学大学院文学研究科論集』62, 2002.

中尾　佳行　1950 年生
広島大学大学院文学研究科博士課程後期単位取得退学，文学修士
広島大学大学院教育学研究科教授
A New Concordance to 'The Canterbury Tales' Based on Blake's Text Edited from the Hengwrt Manuscript (共編著) 大学教育出版, 1994; "A Semantic Note on the Middle English Phrase As He/She That." *NOWELE* 25, Denmark, 1995; "The Semantics of Chaucer's Moot/Moste and Shal/Sholde." *English Corpus Linguistics in Japan*, Amsterdam-New York: Rodopi, 2002;『Chaucer の曖昧性の構造』松柏社, 2004.

地村　彰之　1952 年生
広島大学大学院文学研究科博士課程後期中退，博士（文学）
広島大学大学院文学研究科教授
A Comprehensive List of Textual Comparison between Blake's and Robinson's Editions of The Canterbury Tales (共編著) 大学教育出版, 1995; *A Comprehensive Textual Comparison of Troilus and Criseyde: Benson's, Robinson's, Root's, and Windeatt's Editions* (共編著) 大学教育出版, 1999 ; "An Introduction to a Textual Comparison of *Troilus and Criseyde*, "*Essays on Old, Middle, Modern English and Old Icelandic*, New York: The Edwin Mellen Press, 2000.

四反田　想　1956 年生
広島大学大学院文学研究科博士課程後期単位取得退学，文学修士
広島大学大学院文学研究科助教授
『ドイツ中世博物誌・世界年代記の異類像』渓水社, 1998; *The Niebelungen Encyclopedia* (共著) New York: Garland Publishing, 2000.

著 者

原野　　昇（はらの　のぼる）
水田　英実（みずた　ひでみ）
山代　宏道（やましろ　ひろみち）
中尾　佳行（なかお　よしゆき）
地村　彰之（ぢむら　あきゆき）
四反田　想（したんだ　そう）

中世ヨーロッパの時空間移動

平成16年9月10日　発行

著　者　原野　　昇
　　　　水田　英実
　　　　山代　宏道
　　　　中尾　佳行
　　　　地村　彰之
　　　　四反田　想
発行所　株式会社　溪水社
　　　　広島市中区小町1-4（〒730-0041）
　　　　電話(082)246-7909／FAX(082)246-7876
　　　　E-mail: info@keisui.co.jp

ISBN4-87440-833-8　C3022

既刊本

中世ヨーロッパに見る異文化接触

人類の歴史は争いの歴史であった。その対立・衝突はどこから生じるのか。中世ヨーロッパ世界を通して接触・対立・共存・統合・民族アイデンティティ確立の有様を見る。

原野　昇・水田英実・山代宏道・地村彰之・四反田想

四六判220頁・定価2625(本体2500)円
ISBN 4-87440-613-0 C 3022　2000年9月20日発行

中世ヨーロッパ文化における多元性

集団の構成員に「同」と認識される集団内でそれは均一な「同」であるか。多文化共存へのヒントを求め、中世ヨーロッパ文化の内実——多様な要素の共存、混在、競合に迫る。

原野　昇・水田英実・山代宏道・地村彰之・四反田想

四六判178頁・定価2100(本体2000)円
ISBN 4-87440-706-4 C 3098　2002年8月5日発行

中世ヨーロッパと多文化共生

文化的共生はいかにして実現したのか。多様な価値システムの共存を多文化共生としてとらえ、現代社会が抱えつつある画一化傾向への対処法をヨーロッパ文化から探る。

原野　昇・水田英実・山代宏道・地村彰之・四反田想・大野英志

四六判212頁・定価2310(本体2200)円
ISBN 4-87440-776-5 C 3022　2003年9月5日発行

＊内容の詳細・その他の出版については当社ホームページをご覧ください。
http://www.keisui.co.jp

ご注文は最寄の書店または直接弊社へ

㈱溪水社

広島市中区小町1－4　(〒730-0041)
TEL (082)246-7909／FAX (082)246-7876
E-mail : info @ keisui.co.jp